Doreen Hartung

Assessment-Center

Typische Anforderungen, optimale Vorbereitung

POCKET BUSINESS TRAINING

Cornelsen

Verlagsredaktion: Christine Schlagmann
Technische Umsetzung: Holger Stoldt, Düsseldorf
Umschlaggestaltung: Ellen Meister, Berlin
Titelfoto: © Michel Tcherevkoff / Getty Images

Informationen über Cornelsen Fachbücher und Zusatzangebote:
www.cornelsen.de/berufskompetenz

1. Auflage

Druck: Druckhaus Berlin-Mitte

ISBN 978-3-589-23844-6

Inhalt gedruckt auf säurefreiem Papier
aus nachhaltiger Forstwirtschaft.

Inhalt

Einleitung

Dieses Buch wendet sich an Leserinnen und Leser, die sich auf die Teilnahme an einem Assessment-Center-Verfahren (kurz: AC-Verfahren) vorbereiten möchten. Zur besseren Lesbarkeit wird die männliche Schreibweise verwendet; selbstverständlich sind Leserinnen aber genauso angesprochen.

> Mein Anspruch ist es, Ihnen in diesem Band die Qualitätsmerkmale, die an strukturierte Personalauswahlverfahren und damit auch an die einzelnen AC-Übungen gestellt werden, zu vermitteln.

Auf die Darstellung aktueller wissenschaftlicher Erkenntnisse zur Validität, Reliabilität und zu anderen statistischen Merkmalen habe ich zugunsten der Praxisorientierung bewusst verzichtet.

Eine Stellenausschreibung der fiktiven „Reifen Sommer AG“ (vgl. S. 28 f.) wird dazu dienen, Ihnen die Konzeption von AC-Übungen und damit die Entwicklung eines komplexen Auswahlverfahrens zu vermitteln. Anhand der AC-Übungen lassen sich die für die Besetzung dieser fiktiven Stelle als relevant bewerteten außerfachlichen Kompetenzen einschätzen. Ihre Aufgabe wird es im Laufe der Lektüre dieses Bandes hin und wieder sein, mit ein wenig Fantasie eine Transferleistung auf Ihre eigene angestrebte Zielposition vorzunehmen. Sie können die Übungsbeispiele selbst bearbeiten und Ihre Ergebnisse anschließend mit den Musterlösungen vergleichen.

Die Einladung zu einem Assessment-Center kann bedeuten, dass weitere Instrumente zur Identifikation Ihrer Stärken, Potenziale und Defizite eingesetzt werden. Das vorliegende Buch konzentriert sich jedoch ausschließlich auf die Darstellung der klassischen AC-Übungen. Persönlichkeits- und Intelligenztests, so genannte Management-Audits und (teil-) strukturierte Interviews werden hier nicht berücksichtigt.

Wie ist das Buch aufgebaut?

Im ersten und zweiten Kapitel erfahren Sie Grundlegendes zum AC-Verfahren. Die hier vermittelten Hintergrundinformationen sollen dazu beitragen, dass Sie entspannter an einem solchen Auswahlverfahren teilnehmen, weil Sie wissen, was Sie erwartet: Sie erfahren,

- welche wesentlichen Qualitätsmerkmale es gibt,
- woran Sie gute Auswahlverfahren erkennen und
- welche Aufgaben unternehmensintern zu leisten sind, bevor ein stellenspezifisches AC-Verfahren entwickelt werden kann.

Darüber hinaus lernen Sie die Aufgaben und Rollen der an einem solchen Verfahren beteiligten Personen kennen und Sie erfahren, wie Sie sich individuell auf ein AC-Verfahren vorbereiten können.

In den Kapiteln 3 bis 7 werden die klassischen AC-Übungen vorgestellt, jeweils illustriert durch ein konkretes Beispiel, das Bezug auf die Stellenanzeige der fiktiven „Reifen Sommer AG" nimmt und anhand dessen Sie sich aktiv auf die Teilnahme an einem AC-Verfahren vorbereiten können.
Kapitel 8 schließlich informiert über den möglichen Zeit- und Ablaufplan eines AC-Verfahrens. Sie erfahren, welche außergewöhnlichen Ereignisse es an einem Auswahltag geben kann – und welche Absichten das auswählende Unternehmen dahinter verbirgt. Außerdem geht es hier um Ihre persönliche Nachbereitung des Auswahlverfahrens.

Berlin, im Januar 2008 *Doreen Hartung*

1 Was Sie über Assessment-Center wissen sollten

Das Erreichen von Unternehmenszielen hängt zu einem wesentlichen Teil von fachlich gut ausgebildeten Mitarbeiter/-innen ab, die im Idealfall täglich hoch motiviert zur Arbeit gehen. Die Fähigkeit, mit einfachen und schwierigen Arbeitsaufgaben gleichermaßen gut zurechtzukommen, erfordert von jedem von uns ein gewisses Maß an außerfachlichen Kompetenzen, z.B. Team- und Kommunikationsfähigkeit, Verhandlungsgeschick, Organisationsfähigkeit, analytisches und unternehmerisches Denken und Handeln.

Wenn diese außerfachlichen Kompetenzen eine zentrale Rolle bei der Ausübung einer zu besetzenden Stelle spielen, verwenden Unternehmen häufig Assessment-Center-Verfahren zur Personalauswahl.

AC-Verfahren wurden früher überwiegend zur Auswahl von Führungskräften entwickelt. Seit einiger Zeit entdecken Unternehmen dieses Instrument aber auch für die Besetzung von Stellen ohne Führungsverantwortung – etwa im Sekretariat, in Verkauf und Beratung sowie im Bereich der Sozialarbeit, um nur einige Beispiele zu nennen. Dabei gilt:

> Je höher die Verantwortung und Führungsfunktion der zu besetzenden Stelle, desto höher die Komplexität des Auswahlverfahrens und damit die Aufgabenvielfalt.

Unternehmen nutzen das AC-Verfahren aber nicht nur zur Rekrutierung von neuen Arbeitskräften, sondern auch als Potenzialanalyseverfahren, um im eigenen Mitarbeiterstamm den Führungsnachwuchs zu identifizieren und anschließend durch Personalentwicklungsmaßnahmen auf die zukünftigen Aufgaben vorbereiten zu können.

Wenn Sie zu einem AC-Verfahren eingeladen sind, haben Sie die erste Hürde schon genommen: Das auswählende Unter-

nehmen hält Sie für fachlich kompetent und aufgrund Ihrer Berufsbiografie für geeignet, die anstehenden Arbeitsaufgaben auszufüllen.
Im AC-Verfahren möchte man jetzt noch die andere Seite von Ihnen kennen lernen und erfahren, wie Sie mit bestimmten Arbeitsanforderungen umgehen und welche Handlungs- und Verhaltensroutinen Sie besitzen.

1.1 Was genau ist ein AC-Verfahren?

Ein Assessment-Center (engl. *to assess* = einschätzen, beurteilen) ist ein systematisches Beobachtungsverfahren, das eingesetzt wird, um berufsbezogene Verhaltens- und Handlungskompetenzen von Bewerbern zu erfassen.
Das Besondere daran ist, dass – anders als bei (teil-)strukturierten Interviews mit vorgegebenem Fragenkatalog – in verschiedenen Übungen zentrale Arbeitssituationen aus dem Unternehmensalltag simuliert werden. Der Bewerber wird bei der Bearbeitung konkreter Arbeitsaufgaben beobachtet. Im Mittelpunkt der Beobachtung stehen dabei insbesondere relevante außerfachliche Kompetenzen.
Als Teilnehmer eines AC-Verfahrens lernen Sie meist Ihre Mitbewerber kennen, da Sie den Auswahlprozess an einem oder zwei Tagen gemeinsam mit ihnen durchlaufen.
Ziel eines ACs ist es, einen Abgleich zwischen dem Anforderungsprofil der Stelle und dem Bewerberprofil, vorrangig im außerfachlichen Anforderungsbereich, vorzunehmen, um zu entscheiden, welcher Kandidat am besten auf die vakante Position, in das Team und ins Unternehmen passt.

> ☞ **Übrigens ...:** Die Kombination von (teil-)strukturiertem Interview und AC-Übungen führt zu einer verbesserten Prognose hinsichtlich des zukünftigen Leistungsverhaltens und damit des zu erwartenden Berufserfolgs der Bewerber. Wenn Sie in einem Auswahlverfahren beiden Methoden begegnen, spricht das für eine sorgfältige Vorbereitung des Auswahlprozedere.

Die wesentlichen Merkmale eines AC-Verfahrens

Qualitative Beobachtungsdaten
AC-Verfahren stützen sich auf qualitative Beobachtungsdaten. Beobachtet und bewertet werden das berufsbezogene Verhalten und Handlungsstrategien der Bewerber.

Mehrere Assessoren
An einem AC-Verfahren nehmen mehrere so genannte Assessoren teil, die einen oder mehrere Bewerber beobachten und bewerten. In der Regel sind das Unternehmensvertreter oder Personalberater, oft mit psychologischer Ausbildung.
AC-Verfahren haben damit gegenüber anderen Auswahlverfahren den Vorteil, dass sie sich auf die Beobachtungsdaten mehrerer Personen stützen. Die Gesamtbewertung eines Kandidaten ist damit objektiver. Die Auswahl des am besten geeigneten Kandidaten erfolgt durch mehrere Bewerter.

Strikte Trennung von Beobachtung und Bewertung
In den AC-Übungen werden Verhalten und Handlungsstrategien der Bewerber beobachtet und protokolliert. Erst wenn der Bewerber den Präsentationsraum verlassen hat, bewerten die Assessoren auf einer Beurteilungsskala das wahrgenommene Verhalten.
Wenn Sie z.B. eine Gesprächssituation durchführen, notieren sich die Assessoren, was und wie Sie etwas sagen und wie Sie sich dabei nonverbal verhalten. Die Bewertung Ihrer Kompetenzen, also Ihrer Kommunikations- und Konfliktlösungsfähigkeit, erfolgt, wenn Sie das Gespräch beendet und den Raum verlassen haben. So fließen alle Beobachtungen – von Gesprächsbeginn bis -ende – in die Bewertung ein. Vorschnelle Ersteindrücke (Sympathien oder Antipathien) werden so reduziert.

Unabhängige Assessoren
Die Assessoren beobachten und bewerten unabhängig voneinander. Das heißt, dass sie sich über ihre Eindrücke und Bewertungen erst am Ende des Tages oder, nachdem alle Kandidaten einen Übungsabschnitt durchlaufen

haben, austauschen. Während der Beurteilung können sich die Bewerter so nicht beeinflussen.

Multidimensionaler Ansatz
Ziel eines AC-Verfahrens ist es, mehrere außerfachliche (und ggf. fachliche) Kompetenzen gleichzeitig zu untersuchen und unabhängig voneinander zu bewerten. Dabei werden im Idealfall die gewünschten Anforderungen mehrfach (mind. zweifach) durch verschiedene Übungen geprüft. Das Bewerberprofil und der zu erwartende Berufserfolg können so sicherer erfasst werden.

Anforderungsnähe
Die zu bewertenden Kompetenzen stammen aus dem arbeitsplatzspezifischen Anforderungsprofil.

Verhaltensnähe
Die relevanten Kompetenzen sind im Beurteilungsbogen, der den Assessoren vorliegt, so verhaltensnah wie möglich definiert, damit sie der Wahrnehmung leichter zugänglich sind.
Die Formulierung „Geht offen auf andere zu" ist nicht wahrnehmungsbezogen. Konkret und angemessen ist diese Formulierung: „Hält Blickkontakt zum Gesprächspartner und lässt ihn ausreden."

Standardisierte Situationen und Chancengleichheit
Alle Kandidaten erhalten die gleichen Aufgaben, auch die Vorbereitungs- und Präsentationszeiten sind identisch.

Systematische Datenermittlung und -auswertung
Am Ende des Auswahlverfahrens (oder auch nach jeder AC-Übung) treffen sich die Bewerter zur Assessorenkonferenz. Hier wird ein Gesamtbild jedes Kandidaten erstellt. Bewertungen werden ausgetauscht, Beobachtungen zusammengetragen, Kompetenzbereiche reflektiert. Stärken, Potenziale und Schwächen der Kandidaten werden dokumentiert. Dann werden die Bewerberprofile mit dem Anforderungsprofil der Stelle verglichen. Dabei werden Abweichungen nach oben und unten deutlich. Jetzt kann eine Auswahlentscheidung getroffen werden.

1.2 Wann setzen Unternehmen AC-Verfahren ein?

Stellen Sie sich folgende Situation vor: Herr X ist Geschäftsführer eines Unternehmens. Eine Stelle ist vakant; der ehemalige Stelleninhaber hat unerwartet kurzfristig gekündigt und ist zur Konkurrenz gewechselt.
Herr X muss die vakante Position schnellstmöglich neu besetzen und ist sich bezüglich folgender Fragen unsicher:

- Wer passt am besten auf die Stelle?
- Kann sich der neue Mitarbeiter mit dem Unternehmen identifizieren?
- Wie motiviert ist er?
- Wie ausgeprägt ist seine Kundenorientierung?
- Wie löst er schwierige Probleme?
- Wie wird er seine Mitarbeiter führen?
- Kann er sich in Verhandlungen durchsetzen?
- Wie wird er mit ihm und mit anderen Führungskräften zusammenarbeiten?

Herr X braucht – wie alle anderen Personen, die Auswahlentscheidungen treffen – Sicherheit. Ein Assessment-Center kann ihm viele seiner Fragen beantworten: Er hört nicht nur im Bewerbungsgespräch, was der Bewerber in der Vergangenheit geleistet hat, sondern nimmt mit seinen eigenen Sinnen wahr, wie der Kandidat unternehmensspezifische Arbeitsaufgaben löst und wie er sich dabei verhält.

> Relevantes berufsbezogenes Verhalten in unternehmensspezifischen Arbeitssituationen zu beobachten, ist oftmals leichter, als es in einem Bewerbungsgespräch zu erfragen.

Im Prinzip gibt es kaum Positionen, zu denen keine Assessment-Center-Übungen entwickelt werden könnten. Ein Teil der Arbeitsaufgaben lässt sich immer simulieren. Für die Besetzung der Stelle eines Fahrers bei der Stadtreinigung wäre im Rahmen eines AC-Verfahrens z.B. ein Konfliktgespräch mit einem Kunden denkbar, der sich beschwert, weil die Mülltonnen unordentlich zurückgestellt oder weil früh um 7:00 Uhr im Mietshaus alle Klingelknöpfe gedrückt werden.

Assessment-Center-Verfahren werden insbesondere dann eingesetzt, …

- wenn die außerfachlichen Kompetenzen des Stelleninhabers einen entscheidenden Erfolgsfaktor für das Erreichen von unternehmerischen Zielen darstellen und
- wenn sich die Aufgabenbereiche der zu besetzenden Position nur durch das Zusammenspiel von fachlichen und außerfachlichen Fähigkeiten ausfüllen lassen.

In der Praxis werden AC-Verfahren (auch aus Kostengründen) in erster Linie zur Besetzung gehobener Positionen entwickelt, aber wie schon erwähnt werden sie auch in anderen Bereichen vermehrt eingesetzt (z.B. Sekretariat, Tätigkeiten mit Schnittstellenverantwortung oder mit Kundenkontakt, Tätigkeiten im Bereich der Sozialarbeit).

1.3 Welchen Nutzen haben AC-Verfahren für Bewerber?

Nicht nur für das Unternehmen bietet die Durchführung eines AC-Verfahrens viele Vorteile, sondern auch für Sie als Bewerber.

Nehmen wir an, das AC-Verfahren wurde qualitativ gut entwickelt und Sie interessieren sich sehr für die vakante Position, sind hoch motiviert. Unter diesen Umständen bietet Ihnen die Teilnahme daran folgenden Nutzen:

- Sie können durch die Bearbeitung verschiedener Aufgabenstellungen Ihre Kompetenzvielfalt zeigen.
- Mögliche Schwächen, die Sie in einer Übung haben, können Sie durch Stärken in einer anderen Übung ausgleichen.

- Sie lernen bereits jetzt spezifische Aufgabenbereiche der angestrebten Position kennen und können auf dieser Grundlage nochmals für sich überprüfen, ob sie Ihren Neigungen entsprechen und ob Sie ihnen gewachsen sind. Fühlen Sie sich gefordert, eher unter- oder überfordert?

  Letztlich sind schließlich auch Sie an der Entscheidung beteiligt, ob Sie die Stelle annehmen oder nicht.

- In einem Bewerbungsgespräch von vielleicht 30 Minuten oder einer Stunde haben Sympathie- und Antipathieeffekte einen recht hohen Einfluss. Die Zeit ist zu kurz, um diese Effekte durch andere Kompetenzen auszugleichen. In einem ein- bis mehrtägigen Auswahlverfahren hingegen reduzieren sich diese Wahrnehmungsverzerrungen, weil die Person des Bewerbers in ihrer Kompetenzvielfalt stärker und differenzierter wahrgenommen werden kann.
- Im Feedbackgespräch erhalten Sie wichtige Hinweise über Ihre Stärken, Potenziale und Schwächen. Sie erfahren, woran Sie möglicherweise noch „arbeiten“ sollten, und Sie können sich selbst einen Lernplan erstellen – am besten nach dem Motto:

  Schwächen schwächen, Stärken stärken und Potenziale ausbauen – z.B. durch den Besuch von Trainings, Seminaren oder durch Praktika.

☞ **Übrigens ...:** Die Ursprünge des AC-Verfahrens liegen in Deutschland. Im ersten Weltkrieg wurden erstmals psychologische Testverfahren bei der Auswahl von Kraftfahrern, Flugzeugführern und Funkern angewendet. 1927 mussten dann alle Offiziersanwärter ein Auswahlverfahren durchlaufen, bei dem z.B. eine führerlose Gruppendiskussion initiiert wurde. Erst später, 1958, wurde das Verfahren erstmals in den USA in einem Wirtschaftsunternehmen zur Auswahl von Führungskräften im Verkauf eingesetzt (vgl. Jeserich 1991).

1.4 Welche AC-Übungen gibt es?

Es gibt eine ganze Reihe von Übungen, die sich in der Praxis bewährt haben und die regelmäßig in AC-Veranstaltungen eingesetzt werden. Eine Übersicht über gängige Übungen finden Sie im Folgenden. In den Kapiteln 3 bis 7 werden wir ausführlicher auf die einzelnen Übungstypen eingehen.

Gängige AC-Übungen im Überblick

Gruppensituation (führerlos oder geführt)
Simulation einer Expertenrunde, Teambesprechung, eines Arbeitsgruppentreffens u.Ä. (vgl. Kap. 5)

Beobachtbare Kompetenzen:
- Teamfähigkeit
- Kommunikationsfähigkeit
- Kooperationsfähigkeit
- Überzeugungs-/Durchsetzungsfähigkeit
- Zielorientierte Zusammenarbeit
- Moderationsfähigkeit

Gesprächssituation
Kritikgespräch, Konfliktgespräch, Verhandlungs- oder Beratungssituationen (vgl. Kap. 4)

Beobachtbare Kompetenzen:
- Kommunikationsfähigkeit
- Konfliktfähigkeit
- Zielorientierte Gesprächsführung
- Überzeugungs-/Durchsetzungsfähigkeit
- Verhandlungsgeschick
- Kundenorientierung

Präsentation/Vortrag (spontan oder vorbereitet)
(vgl. Kap. 3)

Beobachtbare Kompetenzen:
- Präsentationsfähigkeit
- Überzeugungsfähigkeit
- Ausdrucksfähigkeit
- Sachwissen/Fachkompetenz

Fallstudie
Begründete Entscheidung für eine Problemlösung nach der Auswertung unternehmensspezifischer Unterlagen (vgl. Kap. 6)

Beobachtbare Kompetenzen:
- Entscheidungsfähigkeit
- Fachkompetenz
- Analytisches Denken
- Problemlösungsfähigkeit
- Zielorientierung
- Unternehmerisches Denken und Handeln

Postkorb
Simulation der Bearbeitung eines Posteingangskorbs; die darin enthaltenen Vorgänge müssen innerhalb einer vorgegebenen Zeit nach Wichtigkeit und Dringlichkeit strukturiert werden (vgl. Kap. 7)

Beobachtbare Kompetenzen:
- Organisationsfähigkeit
- Delegationsfähigkeit
- Entscheidungsfähigkeit
- Schriftlicher Ausdruck
- Denken in Zusammenhängen
- Zeit- und Selbstmanagement

1.5 Wie wird ein AC-Verfahren entwickelt?

Um ein stellenspezifisches AC-Verfahren zu entwickeln, muss zunächst ein Anforderungsprofil erstellt werden, das beschreibt, über welche Kompetenzen der künftige Mitarbeiter in welchem Maß verfügen muss, um die ihm übertragenen Arbeitsaufgaben kompetent erfüllen zu können.
Anforderungsprofile leiten sich zum einen aus den zu erfüllenden Sach- und Führungsaufgaben ab, zum anderen berücksichtigen sie die arbeitsplatzbezogenen Zielsetzungen und Arbeitsbedingungen. Es ist z.B. ein Unterschied, ob der Mitarbeiter im Einzelbüro mit Parkblick arbeiten oder sich

ein Großraumbüro mit zehn Kollegen teilen wird. Auch die Leitlinien eines Unternehmens, Werte, Visionen und die Unternehmensphilosophie fließen in die Profilentwicklung ein.

Arbeitsaufgaben definieren

Zur Erstellung eines Anforderungsprofils werden die für die zu besetzende Position typischen Aufgaben zusammengestellt und auf kritische Situationen, so genannte kritische Ereignisse, hin überprüft. Kritisch heißt, dass Fehler bei der Bearbeitung dieser Aufgaben Konsequenzen in zeitlicher, personeller, finanzieller oder gesetzlicher Hinsicht nach sich ziehen können. Der künftige Stelleninhaber sollte daher gerade bei diesen Tätigkeiten keine Mängel zeigen.
Diese kritischen Ereignisse sind häufig Basis für die Entwicklung von unternehmensspezifischen AC-Übungen.

Beispiel

Die individuelle Angebotsunterbreitung ist im Unternehmen Y eine kritische Aufgabe des Mitarbeiters Herrn Maier. Die Konkurrenz beherrscht den Markt. Herr Maier nimmt diese Aufgabe jedoch nicht sehr ernst und reduziert den Preis nach entsprechenden Signalen des Kunden nicht (obwohl er dazu befugt wäre). Der Kunde wendet sich daraufhin der Konkurrenz zu (kritisches Ereignis → **finanzieller Verlust**) und erzählt die Geschichte beim Unternehmerstammtisch weiter: „Stellt euch vor, was ich gestern mit Herrn Maier vom Unternehmen Y erlebt habe …“ Zusätzlich zum finanziellen Verlust entsteht so ein **Imageschaden.**

In einer AC-Übung könnte man ein entsprechendes Gespräch zwischen Mitarbeiter und Kunde simulieren, in dem der Kunde signalisiert, dass ihm das Angebot zu teuer ist.

Anforderungen ableiten

Im nächsten Schritt werden die formalen Voraussetzungen, die der künftige Stelleninhaber erfüllen muss, definiert – die so genannten K.-o.-Kriterien. Dazu gehören der Bildungsabschluss, Berufserfahrung und Führungserfahrung. Aus den

Arbeitsaufgaben werden außerdem die gewünschten fachlichen und außerfachlichen Kompetenzen abgeleitet.

Anforderungen gewichten

Falls viele fachliche und außerfachliche Kompetenzen aus den Arbeitsaufgaben abgeleitet wurden, hilft eine Gewichtung, sich auf die wesentlichen Anforderungen im Auswahlprozess zu konzentrieren. Am relevantesten sind die Kompetenzen, die zur Bewältigung der kritischen Arbeitsaufgaben benötigt werden. Eventuell werden auch die Fähigkeiten hoch eingestuft, die sich nur durch einen langen Lernprozess erwerben lassen. Diese Kompetenzen muss der künftige Stelleninhaber bereits in guter Ausprägung mitbringen.

Anforderungen konkret definieren

Nun müssen die Kompetenzen näher definiert und mit konkreten Verhaltens- und Handlungsbeschreibungen ergänzt werden, um die Frage zu beantworten, was genau man bei der Position X unter Belastbarkeit, Durchsetzungsfähigkeit, Flexibilität, Kommunikationsvermögen etc. versteht. Erst wenn diese Kompetenzen definiert sind, können entsprechende AC-Übungen entwickelt werden.
In der Fachliteratur spricht man auch von der Operationalisierung der Kompetenzen in beobachtbares Verhalten.
Mit der Beschreibung der einzelnen Fähigkeiten ist die Entwicklung eines stellenspezifischen Anforderungsprofils abgeschlossen. Das Unternehmen kann sich jetzt der Entwicklung des konkreten Personalauswahlverfahrens widmen.

> ☞ **Übrigens …:** Anforderungsprofile sind die Grundlage für weitere Personalmanagement-Instrumente wie Personalplanung, Stellenausschreibung, Personalauswahl, Einarbeitung neuer Mitarbeiter, Mitarbeiterjahres- und Beurteilungsgespräche sowie die sich daraus ergebenden Personalentwicklungsmaßnahmen. Sie sind außerdem Basis für eine leistungsabhängige Vergütung.

Beispiel für die Entwicklung eines Anforderungsprofils für eine Führungsposition (Ausschnitt)

1. Arbeitsaufgaben definieren

- Analyse der Geschäftsberichte und Ableitung strategischer Entscheidungen
- Durchführung von jährlichen Mitarbeitergesprächen und Abschluss von Zielvereinbarungen
- Durchführung von Dienstberatungen

2. Anforderungen ableiten

Fachliche Anforderungen:

- Betriebswirtschaftliche Kenntnisse
- Kenntnisse über Personalentwicklungsinstrumente

Außerfachliche Anforderungen:

- Analytisches Denken
- Entscheidungsfähigkeit
- Kommunikationsfähigkeit
- Zielorientierte Gesprächsführung
- Moderationsfähigkeit

3. Anforderungen ggf. gewichten

(1=sehr wichtig, 2=wichtig)

Fachliche Anforderungen:

- Betriebswirtschaftliche Kenntnisse (1)
- Kenntnisse über Personalentwicklungsinstrumente (2)

Außerfachliche Anforderungen:

- Analytisches Denken (1)
- Entscheidungsfähigkeit (1)
- Zielorientierte Gesprächsführung (1)
- Kommunikationsfähigkeit (2)
- Moderationsfähigkeit (2)

4. Anforderungen genauer definieren

Analytisches Denken (1):

- Beobachtet, analysiert und bewertet finanzielle, kundenbezogene, interne Prozesse
- Bewertet und analysiert Produktkennzahlen und leitet daraus operative und strategische Entscheidungen ab

Entscheidungsfähigkeit (1):

- Geht bei der Entscheidungsfindung systematisch und zielgerichtet vor, überblickt Gesamtzusammenhänge und berücksichtigt Folgewirkungen

- Trifft zeitnah eindeutige Entscheidungen
- Übernimmt Verantwortung für eigene Entscheidungen/ Ergebnisse
- Subsumiert Vorgaben in Entscheidungsprozesse
- Beteiligt die Zuständigen an Entscheidungen, die sie oder ihr Fachgebiet betreffen, und berücksichtigt deren Fachkompetenz und Expertenwissen

Zielorientierte Gesprächsführung (1):
- Formuliert Gesprächsanlass, -ziel
- Hat „roten Faden"
- Stellt offene Fragen
- Fragt konkret nach
- Hört aktiv zu
- Vereinbart überprüfbares Ergebnis

1.6 Wer nimmt in welcher Rolle am AC teil?

Am AC-Verfahren nehmen in der Regel drei oder mehr Assessoren teil, die das Assessorenteam bilden. Darunter ist der zukünftige Vorgesetzte, zudem kann ein Vertreter aus der Personalabteilung oder eine Führungskraft aus einem anderen Unternehmensbereich beteiligt sein. Wenn eine externe Personalberatung das Verfahren konzipiert, stellt auch sie einen Teil der Assessoren.
Außerdem steht ein Moderator zur Verfügung, der den gesamten Auswahltag einschließlich der Assessorenkonferenz moderiert, die Bewerber in die einzelnen Übungen einweist, Fragen beantwortet und auf gleich lange Vorbereitungs- und Durchführungszeiten achtet. Der Moderator hat eine neutrale Rolle und sichert den organisatorischen und zeitlichen Ablauf.
In Landes- oder Bundesbehörden, die ebenfalls Assessment-Center-Verfahren zur Besetzung von Führungspositionen durchführen, sind außerdem die Beschäftigtenvertretungen als „stille" Beobachter anwesend. Sie achten darauf, dass das Verfahren für alle chancengleich durchgeführt wird.

Was sind die Merkmale eines qualitativ guten AC-Verfahrens?

Rahmenbedingungen

- Sie lernen alle am Verfahren Beteiligten und auch Ihre Mitbewerber kennen.
- Der Ablaufplan ist Ihnen im Vorfeld bekannt gegeben worden.
- Sie wissen, welche Übungen durchgeführt und welche Kompetenzen am Auswahltag beobachtet werden.
- Pausen- und Essenszeiten sind geregelt.
- Ihnen werden Getränke angeboten.
- Es gibt einen neutralen Moderator.

Während des AC-Verfahrens

- Die AC-Übungen spiegeln einen Ausschnitt des zukünftigen Arbeitsalltags wider.
- Die Aufgabenstellungen sind eindeutig beschrieben. Sie wissen, was zu tun ist und was von Ihnen erwartet wird.
- Sie lernen einen relevanten Ausschnitt Ihres potenziellen künftigen Arbeitsplatzes kennen.
- Die vorgesehenen Vorbereitungs- und Durchführungszeiten werden eingehalten. Dabei kann es durchaus passieren, dass z.B. eine Präsentation abgebrochen wird, weil der Bewerber die Zeit überschreitet.
- Sie dürfen die von Ihnen schriftlich erarbeiteten Ergebnisse in der Präsentation nutzen.
- Sie können dem Moderator Fragen stellen.
- Die Pausenzeiten sind beobachtungsfrei.
- Ihnen wird ein Feedbackgespräch angeboten.
- Sie wissen, wie es nach dem Verfahren weitergeht.

Feedbackgespräch nach dem AC-Verfahren

In einem fundierten Feedbackgespräch (in der Regel als Vier-Augen-Gespräch geführt) erhalten Sie eine konkrete, verhaltensbezogene Rückmeldung über Ihre Stärken, Potenziale und Schwächen in Bezug auf das Anforderungsprofil der zu besetzenden Stelle. Das Gesamtbild, das Ihnen in diesem Gespräch vermittelt wird, wurde in der Assessorenkonferenz zusammengetragen. Man legt Ihnen dar, woran Sie noch arbeiten sollten, um den Anforderungen besser zu entsprechen.

Wenig aufschlussreich ist es hingegen für Sie, wenn man Ihnen lediglich Ihre Gesamtpunktzahl oder den von Ihnen erzielten Rangplatz im Vergleich zu den anderen Kandidaten nennt. Rückmeldungen im Stil von „Sie müssen an Ihrer Überzeugungsfähigkeit arbeiten" haben nichts mit einem verhaltensbezogenen Feedback zu tun. Fundiertes Feedback zeichnet sich dadurch aus, dass Sie erfahren, was genau Sie verändern müssen, um überzeugender zu sein.

Beispiel für verhaltensbezogenes Feedback

„In der Expertenrunde konnten wir wahrnehmen, dass Sie andere ausreden lassen und konkrete Fragen stellen. Durch Ihre spezifischen Nachfragen haben Sie die anderen Gruppenmitglieder zum Nachdenken gebracht und unkonkrete Meinungen präzisiert. Das hat den Diskussionsprozess vorangebracht, und erste Lösungsansätze konnten mithilfe Ihrer zielorientierten Fragestellung entwickelt werden.

In Ihrer Ergebnispräsentation haben Sie häufig Fremdwörter wie z.B. … benutzt. Ihre Aufgabe war es, vor Laien zu präsentieren. Zukünftig sollten Sie das stärker in Ihrer Zuhöreranalyse berücksichtigen und z.B. Fremdwörter erklären oder gar nicht verwenden.

Während Ihrer Präsentation haben Sie nur Assessor X angeschaut. Dadurch fühlten sich die anderen nicht angesprochen. Zukünftig sollten Sie den Blickkontakt auf Ihre gesamte Zuhörerschaft lenken."

1.7 In welcher Phase des Auswahlverfahrens werden Assessment-Center eingesetzt?

Unternehmen platzieren das Assessment-Center an unterschiedlichen Stellen des Auswahlverfahrens. Neben Zeit- und Kostengründen hat das letztlich mit der Bewerberlage zu tun. Wie viele Kandidaten sich für die Position formal eignen, weiß das Unternehmen erst nach der detaillierten Sichtung der eingegangenen Bewerbungsunterlagen.

Die in der folgenden Übersicht dargestellten Beispiele beschreiben drei mögliche Gesamtabläufe, wobei nach jeder Auswahlrunde neu zu entscheiden ist, welcher Bewerber weiterkommt. Dazu wird das Anforderungsprofil der Stelle mit den bisherigen Erkenntnissen über die Bewerberprofile verglichen.

Beispiele für den Ablauf des Gesamtauswahlprozesses

Telefoninterview	Testverfahren	Assessment-Center-Verfahren
↓	↓	↓
Bewerbungsgespräch mit (teil-) strukturiertem Interview	Assessment-Center-Verfahren	Bewerbungsgespräch mit (teil-) strukturiertem Interview
↓	↓	
Assessment-Center-Verfahren	Bewerbungsgespräch mit (teil-) strukturiertem Interview	

2 Wie kann ich mich auf ein AC-Verfahren vorbereiten?

2.1 Teilnahme an AC-Potenzialanalysen

Um sich auf ein unternehmensspezifisches AC-Verfahren vorzubereiten, können Sie an so genannten AC-Potenzialanalysen teilnehmen. In derartigen Veranstaltungen, die von verschiedenen Beratungsfirmen angeboten werden, wird ein AC-Verfahren simuliert. Als Teilnehmer haben Sie dort die Möglichkeit, Assessment-Center-Übungen kennen zu lernen, zu bearbeiten und am Ende ein Feedback über Ihre Stärken, Potenziale und Defizite zu erhalten.
Wenn Sie sich für eine solche Potenzialanalyse interessieren, achten Sie darauf, dass die Anbieter auch „echte" Assessment-Center-Verfahren durchführen und nicht nur psychologische Testverfahren und (teil-)strukturierte Interviews einsetzen.

> Die Teilnahme an einer Potenzialanalyse ist eine gute Vorbereitung für alle Bewerber, die ein sicheres Gefühl entwickeln und Personalauswahlverfahren künftig mit gestärktem Selbstbewusstsein durchlaufen möchten.

Zu empfehlen sind diese Potenzialanalysen auch für alle, die schon mal ohne Erfolg an AC-Verfahren teilgenommen haben oder die nach der Teilnahme an einem AC-Verfahren ein unzureichendes Feedback erhalten haben, aus dem sie keine Lernstrategien entwickeln konnten.
Eine Einschätzung durch Dritte, ohne Auswahldruck, kann bei der Reflexion vergangener AC-Erfahrungen hilfreich sein und die Erfolgschancen für künftige Auswahlverfahren verbessern.

2.2 Analyse der Stellenanzeige

Die Vorbereitung auf ein Bewerbungsverfahren beginnt bereits vor Ihrer schriftlichen Bewerbung – unabhängig davon, ob Sie sich auf eine Stellenanzeige oder initiativ bewerben. Ist Ersteres der Fall, hilft eine genaue Analyse der Stellenanzeige dabei, sich auf die wesentlichen Schritte des Bewerbungsprozesses, insbesondere auch auf ein Assessment-Center vorzubereiten. Hier kann man im Idealfall schon einiges über die gewünschten Kompetenzen und Qualitäten des gesuchten Mitarbeiters erfahren. Für die Analyse einer Stellenanzeige können Sie das folgende Schema nutzen.

Schema zur Analyse einer Stellenanzeige

Anzeigenprofil	**Persönliches Profil**
◆ Was genau macht das Unternehmen und wie ist es aufgestellt? (z.B. Branche, Kunden, Markt, Mitarbeiterzahl, Umsatzentwicklung)	◆ In welcher vergleichbaren Branche habe ich gearbeitet? Welche Einblicke hatte ich?
„Wir haben/bieten …“ ◆ Welcher Arbeitsplatz wird angeboten? ◆ Welche Arbeitsaufgaben gehören dazu? ◆ Welcher Verantwortungsbereich wird beschrieben? ◆ Welche Ergebnisse sollen erzielt werden?	◆ Welche ähnlichen Aufgaben habe ich bereits wahrgenommen? Welche meiner bisherigen Zuständigkeiten sind übertragbar? ◆ Welche Erfahrungen besitze ich in Bezug auf Arbeitsplatz, Aufgaben, Verantwortungsbereich und Funktion?
„Wir suchen …“ ◆ Welche fachlichen und außerfachlichen Kompetenzen sollte der Mitarbeiter haben? ◆ Welche Abschlüsse und Qualifikationen werden benötigt?	◆ Welche fachlichen und außerfachlichen Kompetenzen besitze ich? ◆ Kann ich mich in die Aufgaben einarbeiten und die Erwartungen erfüllen? ◆ Welche Abschlüsse und Qualifikationen besitze ich?

Unternehmen veröffentlichen ihre Stellenanzeigen in recht unterschiedlichem Umfang, was oftmals mit den damit verbundenen Kosten zusammenhängt: Es gibt sehr ausführliche Anzeigen, die das Stellenprofil differenziert beschreiben und die Anforderungen an die Bewerber eindeutig definieren. Oft genug fehlen jedoch ausführliche Angaben. In diesem Fall sollten Sie aktiv werden und z.B. durch einen Anruf beim ausschreibenden Unternehmen nähere Informationen einholen.
Auch wenn die Stellenanzeige, die Ihr Interesse geweckt hat, schon recht ausführliche Informationen enthält, lohnt vorab ein Anruf beim Unternehmen. Mit einem Telefonat möglichst mit dem direkten Vorgesetzten können Sie bereits vor Ihrer schriftlichen Bewerbung wichtige Fragen klären. Durch das Hinterfragen der in der Stellenausschreibung aufgeführten außerfachlichen Anforderungen, die Konkretisierung von Erwartungen und Spezifizierung der künftigen Arbeitsaufgaben können Sie sich optimal auf Bewerbungsgespräche und AC-Verfahren vorbereiten.

Erkunden Sie die „Landkarte“ des potenziellen Arbeitgebers und gehen Sie nicht davon aus, dass Ihre eigene „Landkarte“ schon stimmen wird. Weg von subjektiven Hypothesen und Vermutungen hin zu gesicherten Erkenntnissen!

Beispiel

Zu einer Stellenausschreibung für die Position eines Marketingleiters der Firma X könnten Sie z.B. telefonisch Folgendes erfragen:

- „Sie schreiben in Ihrer Stellenanzeige, dass Sie in zwei Jahren Marktführer sein möchten. Welche Erwartungen knüpfen Sie dabei an die Position des Marketingleiters?“
- „Sie betonen als unabdingbare Voraussetzung die Belastbarkeit. Was genau verstehen Sie darunter?“
- „In Ihrer Anzeige nennen Sie die Bedingung, dass der Bewerber ‚kreativ Probleme lösen‘ kann. Was genau meinen Sie damit?“

Zusätzlich sollten Sie sich im Vorfeld des Bewerbungsverfahrens durch eine Recherche um die Beantwortung weiterer Fragen kümmern, u.a.:

- Was genau macht das Unternehmen?
- Welche Unternehmensphilosophie gibt es? Welche Werte leiten sich daraus ab?
- Wie ist das Unternehmen am Markt positioniert?
- Wer sind die Kunden?
- Wer ist die Konkurrenz?
- Was sind mittel- und langfristige Zielsetzungen des Unternehmens?
- Welche Mitarbeiter mit welchen Qualifikationen arbeiten dort?

Sie fragen sich, warum Sie diesen Aufwand betreiben sollen? Die Antwort ist einfach: Damit Sie Ihre Bewerbungsunterlagen, insbesondere das Anschreiben und den Lebenslauf, individuell auf das Unternehmen und die vakante Position zuschneiden können. Das hat gleich mehrere Vorteile:

- Zum einen heben sie sich auf diese Weise von der Konkurrenz ab und haben möglicherweise schon „einen Fuß in der Tür".
- Und zum anderen geben Ihnen diese Informationen erste Anhaltspunkte dafür, welche Fragen im Bewerbungsgespräch relevant sein können, welche Arbeitsaufgaben in einem Assessment-Center simuliert und welche Kompetenzen dabei voraussichtlich überprüft werden – Sie können sich also viel zielgerichteter auf den Auswahlprozess vorbereiten.

2.3 Typische AC-Übungen trainieren

Anhand der Kapitel 3 bis 7 können Sie sich optimal auf die gängigen AC-Übungen vorbereiten. Dabei werden zu jedem Assessment-Center-Element folgende Fragen beantwortet:

1. Welche Kompetenzen lassen sich mit der jeweiligen Übung überprüfen?
2. Wie ist die Übung aufgebaut?
3. Übungsbeispiel (Grundlage ist jeweils die fiktive Stellenanzeige der „Reifen Sommer AG“ auf der S. 28 f.)
4. Welche Kompetenzen beobachten und bewerten die Assessoren im Rahmen der jeweiligen Übung? An dieser Stelle ist jeweils ein Beobachtungsbogen dargestellt, der den Assessoren in dieser oder ähnlicher Form vorliegt und in den sie ihre Beobachtungen eintragen, während die Kandidaten die Übung durchlaufen. Der Beobachtungsbogen enthält die in Verhaltensweisen operationalisierten Anforderungen und eine Bewertungsskala. Nach Beendigung der AC-Übung fassen die Assessoren ihre Wahrnehmungen zusammen und bewerten jede außerfachliche Kompetenz separat.
5. Tipps zur Vorbereitung und Durchführung: In dieser Rubrik finden Sie jeweils zunächst eine Checkliste zur Vorbereitung auf das eigene Auswahlverfahren. Sie können Sie zur mentalen Vorbereitung auf ein konkretes Auswahlverfahren oder für Trainingszwecke nutzen. Die formulierten Fragen lassen sich nach der detaillierten Analyse der Stellenanzeige und durch weitere Recherchen zum Unternehmen beantworten. Wenn Sie nur wenige Informationen zum eigentlichen Zielunternehmen finden, kann ein Blick auf Konkurrenzunternehmen hilfreich sein. Anschließend erhalten Sie hier Hinweise dazu, wie Sie die einzelnen Übungen in einem AC-Verfahren bearbeiten können.

Anschauungsbeispiel: Fiktive Stellenanzeige

In Kapitel 3 bis 7 dient die fiktive Stellenausschreibung der „Reifen Sommer AG“ dazu, Ihnen konkrete AC-Übungsbeispiele vorzustellen, die den Unternehmensalltag simulieren. Die Übungen ermöglichen die Einschätzung der hier als relevant bewerteten außerfachlichen Kompetenzen.
Zu besetzen ist die Position eines Niederlassungsleiters. Das ganze „spielt“ im vertriebsorientierten Bereich. Führungs- und Managementaufgaben stehen im Vordergrund. Der Niederlassungsleiter organisiert seine drei Bezirke, führt die Mitarbeiter und bewältigt die Alltagsprobleme. Es handelt sich um eine so genannte „Sandwichposition“, die es auch in anderen Abteilungen großer und mittelständischer Unternehmen gibt.

Wir, die „Reifen Sommer AG“, sind ein mittelständisches Unternehmen mit Hauptsitz in München. In unseren fünf bundesdeutschen Niederlassungen arbeiten 250 engagierte Mitarbeiter/-innen. Als zuverlässiger Vertriebspartner verschiedener weltweit führender Reifenhersteller konnten wir unser Wachstum in den letzten Jahren in Umsatz und Mitarbeiterzahl kontinuierlich ausbauen. Wir wollen weiter dynamisch wachsen. In Zukunft wird die strategische Zielsetzung an Wert gewinnen, damit eine führende Marktposition erreicht werden kann. Kundenpflege und Kundenbindung werden bei uns großgeschrieben. Darüber hinaus legen wir Wert auf eine kooperative Führung unserer Mitarbeiter/-innen.

Wir suchen für unsere Niederlassung Nordost (Berlin, Brandenburg und Mecklenburg-Vorpommern) einen Niederlassungsleiter oder eine Niederlassungsleiterin.

Ihr Aufgabengebiet:
- Selbstständige Führung der drei Bezirke mit insgesamt 26 Mitarbeitern/Mitarbeiterinnen
- Umsetzung der Unternehmensziele auf Ihre drei Bezirksebenen

- Budgetverantwortung
- Vertragsverhandlungen mit den Kunden
- Kontaktaufbau und -pflege zu Unternehmen aus der Autobranche
- Personalrekrutierung und -entwicklung
- Sie berichten an die Geschäftsführung

Unsere Anforderungen:
- Abgeschlossenes betriebswirtschaftliches HS- oder FHS-Studium
- Mindestens zweijährige Erfahrung als Geschäftsführer/-in oder als Niederlassungsleiter/-in (möglichst aus dem Vertriebsbereich)
- Unternehmerisches Denken und Handeln
- Strategische Kompetenz
- Hohe Kundenorientierung
- Kommunikationsstärke
- Personalführungskompetenz

Wenn Sie darüber hinaus ein Faible für Autos haben, würden wir Sie gerne kennen lernen.

Haben wir Ihr Interesse geweckt? Dann bewerben Sie sich unter:
Reifen Sommer AG
Geschäftsführung
Mühlenberggasse 120 b
81000 München
www.reifensommerag.de

Für Ihre Fragen steht Ihnen der Personalleiter, Herr Müller, zur Verfügung.

Folgende Zusatzinformationen konnten Sie aus einem Telefonat mit Herrn Müller gewinnen:

- Die „Reifen Sommer AG“ hat einen Marktanteil von 30%, mittelfristiges Ziel ist ein Marktanteil von 40%.
- Die strategische Umsetzung des Ziels erfolgt durch die Niederlassungsleitung für die drei Bezirke.
- Es gibt in jedem Quartal ein Treffen der insgesamt fünf Niederlassungsleiter/-innen.
- Hauptkonkurrent ist die „Klaxierer GmbH“ mit einem Marktanteil von 40%.

Analyse der Stellenanzeige

Informationen aus der Stellenanzeige und dem Telefonat	**Ableitung von nicht explizit aufgeführten Anforderungen**
„weiter dynamisch wachsen" „führende Marktposition erreichen"	Zielorientiertes Denken und Handeln (Ziele setzen, Strategien dazu entwickeln, Maßnahmen ableiten, Konkurrenz analysieren)
strategische Umsetzung der Unternehmensziele durch die Niederlassungsleitung auf die drei Bezirke	Zielorientierte Führung der drei Bezirke
Budgetverantwortung	Betriebswirtschaftliche Kenntnisse
Vertragsverhandlungen mit Kunden	Verhandlungsführung
	Präsentations- und Überzeugungsfähigkeit
„Selbstständige Führung der drei Bezirke"	Organisationsfähigkeit, Steuerungskompetenz, Entscheidungsfähigkeit
Personalrekrutierung	Personalrekrutierungskenntnisse
Personalentwicklung	Kenntnisse von Personalentwicklungsinstrumenten
„ein Treffen der fünf Niederlassungsleitungen pro Quartal"	Kooperationsfähigkeit

Mögliche AC-Übungen	**Einige Ideen für mögliche Übungsinhalte**
Fallstudie	Ziele bilden (Finanzen, Kunden, interne Prozesse, Personal), Maßnahmen ableiten
Gespräch mit Mitarbeiter oder Bezirksleiter	Ziele vermitteln und mit Widerstand umgehen, gemeinsame Lösung finden
Fallstudie	Geschäftsbericht analysieren, Bilanz lesen
Verhandlungssituation	Verhandlung mit Kunden zu Preisnachlässen
Präsentation, Kurzvortrag	Präsentation eines neuen Produktes vor Verbandsvertretern oder bei einem Kunden
Postkorb	Probleme erkennen, analysieren und lösen; aktiv werden und Entscheidungen treffen
Fallstudie	Fünf unbesetzte Stellen, unpassende Bewerbungen für den Vertrieb, Kundenbedarfe können nicht abgedeckt werden – was tun?
Fallstudie	Denkbare Fälle: – Ein neues Personalentwicklungsinstrument soll eingeführt werden – was tun? – Eine Personalentwicklungskonzeption ist zu entwickeln – was tun?
Gespräch mit Mitarbeiter	Kritik-, Jahres-, Beurteilungsgespräch führen
Gruppensituation	Gemeinsam strategische Maßnahmen abstimmen, Strategien zur Kundenakquisition entwickeln, Mitarbeiterproblem lösen

3 AC-Übung 1: Präsentation/Kurzvortrag

3.1 Welche Kompetenzen lassen sich überprüfen?

Mit einer Präsentation bzw. einem Kurzvortrag lassen sich folgende Kompetenzen überprüfen:

- Präsentationsfähigkeit
- Überzeugungsfähigkeit
- Ausdrucksfähigkeit
- Ggf. Sachwissen/Fachkompetenz

3.2 Wie ist die Übung aufgebaut?

Präsentationen bzw. Kurzvorträge werden entweder spontan (ohne Vorbereitungszeit) oder mit einer Vorbereitungszeit durchgeführt.

Spontane Vorträge werden in AC-Verfahren häufig dann verlangt, wenn eine Position mit Repräsentationsfunktionen zu besetzen ist, die eine hohe Innen- und Außenwirkung hat. Das ist beispielsweise bei Pressesprechern der Fall: Pressesprecher sollten auf (kritische) Fragen von Journalisten spontan, situationsgerecht und souverän reagieren können. Auch bei Positionen mit Führungsverantwortung wird von den Bewerbern durchaus erwartet, dass sie sich spontan positionieren können.

In der Mehrzahl der Fälle erhalten die Bewerber jedoch eine Vorbereitungszeit für ihren Kurzvortrag bzw. ihre Präsentation. Die Aufgabenbeschreibung der AC-Übung sollte Ihnen für die Vorbereitung idealerweise folgende Fragen beantworten:

- Welche Rolle/Funktion nehme ich ein?
- Worüber soll ich sprechen?
- Wer sind meine Zuhörer? Kenne ich sie oder sind sie mir unbekannt?
- Was ist das Ziel des Vortrags? (Das Ziel wird nicht immer benannt. Es kann auch Ihre Aufgabe sein, ein entsprechendes Vortragsziel zu entwickeln.)
- Wie viel Vorbereitungszeit steht mir zur Verfügung?
- Wie lang darf meine Präsentation dauern?
- Wird der Einsatz von Visualisierungsmedien erwartet (z.B. PowerPoint-Präsentation, Flipchart, Karten)?

Die Vortragszeiten variieren in Abhängigkeit vom Kontext. Meist liegen sie zwischen zwei und zehn Minuten.

3.3 Übungsbeispiel

Übung: Präsentation/Kurzvortrag

Sie sind seit einem Monat der Niederlassungsleiter Nordost der „Reifen Sommer AG". In 30 Minuten werden Sie einen zehnminütigen Vortrag halten. Ihre Zuhörer sind Unternehmensvertreter renommierter Autohäuser aus dem Raum Mecklenburg-Vorpommern. Sie kennen noch keinen der Anwesenden. Ihr Vorgänger hat die Einladungen bereits vor vielen Wochen verschickt. Von den 60 Angesprochenen haben 30 Personen (Geschäftsführer oder Kundenberater) zugesagt. Die Autohäuser arbeiten bisher mit dem Konkurrenzunternehmen „Klaxierer GmbH" zusammen. Ziel ist es, die Geschäftsführer für eine Kooperation mit der „Reifen Sommer AG" zu gewinnen. Der Vortrag findet im Seminarraum des Hotels „Zur Sonne" statt, das direkt am Ostseestrand liegt. Ihre Gäste können von ihren Sitzplätzen aus das Meer beobachten.

Zur Vorbereitung Ihres Vortrags erhalten Sie folgende Unterlagen:

- die Präsentationsmappe unseres Unternehmens,
- Produktbeschreibung der neuesten Modelle „Gummi Gut“ und „Profilhart“ des Reifenherstellers Profil und
- eine aktuelle Preis- und Rabattliste.

Zur Vorbereitung Ihres Vortrags haben Sie 30 Minuten und für den Vortrag selbst zehn Minuten Zeit.

3.4 Welche Kompetenzen beobachten und bewerten die Assessoren?

Im Folgenden finden Sie den Beobachtungsbogen, mit dem die Assessoren in unserem beispielhaften Assessment-Center der „Reifen Sommer AG“ Ihren Vortrag zu oben beschriebener Aufgabe bewerten. Die einzelnen Kompetenzen werden dabei mithilfe einer Beurteilungsskala von 1 („Verhalten nicht wahrnehmbar bzw. das Gegenteil wird gezeigt“) bis 6 („Zeigt Verhalten, das über die definierten Verhaltensbeschreibungen hinausgeht“) bewertet.

Beobachtungsbogen – Vortrag						
	Beurteilung					
	1	2	3	4	5	6
Präsentationsfähigkeit						
◆ Stellt sich persönlich vor						
◆ Begrüßt Anwesende, macht Warming-up, stellt Beziehungsebene her						
◆ Hält Blickkontakt zu den Anwesenden						

◆ Ist körperlich zugewandt						
◆ Setzt Gestik zur Unterstützung des Gesagten ein						
◆ Hat „roten Faden“, fasst Inhalte zusammen						
◆ Findet positiven Abschluss						
Überzeugungsfähigkeit						
◆ Stellt Vortragsziel vor, informiert über Gliederung						
◆ Sagt etwas zum Unternehmen (Philosophie, Mitarbeiterzahl …)						
◆ Stellt kundenbezogene Prozesse vor						
◆ Konzentriert sich auf das Wesentliche						
◆ Informiert über Zusatznutzen für die Kunden						
◆ Nennt Produktvorteile						
Ausdrucksfähigkeit						
◆ Spricht laut und deutlich						
◆ Setzt Redepausen						
◆ Hat Sprachrhythmus						
◆ Formuliert positiv						
Gesamteindruck						
Stärken: ____________________						
Schwächen: ____________________						

3.5 Tipps zur Vorbereitung und Durchführung

Nutzen Sie die folgenden Tipps, um sich auf eine Präsentations- oder Vortragssituation vorzubereiten. Trainieren Sie vor dem Spiegel oder noch besser: vor Freunden. Bitten Sie Ihre Freunde um Feedback und geben Sie ihnen dazu den in Kap. 3.4 dargestellten Beobachtungsbogen an die Hand.

Checkliste: Bereiten Sie sich mit folgenden Fragen auf Vorträge und Präsentationen im Rahmen eines AC-Verfahrens vor.

- In welchen Arbeitssituationen der ausgeschriebenen Position wird es notwendig sein, einen Vortrag zu halten?

  ____

- Vor welchem Publikum werden Vorträge zu halten sein (Kunden, Kooperationspartner, Kollegen, Vorgesetzte ...)?

  ____

- Wo werden diese Vorträge voraussichtlich stattfinden?

  ____

- Welche Themen aus dem künftigen Aufgabenfeld eignen sich für einen Vortrag?

  ____

- Trainieren Sie zu einem der infrage kommenden Themen einen fünfminütigen Vortrag.

  Ihr Thema: ______________________________

- Trainieren Sie zu einem der infrage kommenden Themen einen zehnminütigen Vortrag.

  Ihr Thema: ______________________________

Tipp 1: Analysieren Sie Ihre Zuhörer mithilfe dieser Fragen!

- Wer sitzt vor mir? *(Zielgruppe)*
- Was möchte ich mit meinem Vortrag bei diesen Zuhörern erreichen? *(Ziel)*
- In welcher Beziehung steht der Zuhörerkreis zu mir? *(Kunden/Interessenten, Unternehmen, Kooperationspartner, Vorgesetzte, Mitarbeiter, Experten aus anderen Abteilungen …)*
- Was wissen die Zuhörer bereits? Was wissen Sie noch nicht?
  (Sie haben gute Vorkenntnisse / allgemeine Vorinformationen; sie wissen nur wenig / gar nichts; ihre Vorkenntnisse sind mir nicht bekannt)
- Welche (konkrete) Erwartungshaltung bzw. Einstellung haben die Zuhörer zum Thema?
  (sehr positiv / positiv / neutral / leicht negativ / negativ)
- Welche Gründe haben die Zuhörer, an der Präsentation / am Vortrag teilzunehmen?
- Wie gut kennen sich die Zuhörer im Fachvokabular aus? *(gut / wenig / gar nicht)*
- Wie aufgeschlossen sind die Zuhörer gegenüber dem Thema?
  (aufgeschlossen / vorurteilslos / abwartend / gleichgültig / abwehrend)

Tipp 2: Nutzen Sie die Vortragsstruktur!

Orientieren Sie sich beim Aufbau Ihres Vortrags an folgender Struktur:

1. Kontaktphase gestalten

- Stellen Sie sich vor und begrüßen Sie Ihr Publikum.
- Stellen Sie eine Beziehung zu Ihren Zuhörern her, indem Sie ein paar persönliche Worte sagen.

2. Aufmerksamkeit herstellen

- Nennen Sie das Thema der Präsentation und Ihr Anliegen.
- Wenn Sie keine Standardeinleitung verwenden möchten, können Sie z.B. mit einer Frage, mit der Schilderung einer interessanten Tatsache oder einer Anekdote in das Thema einführen.
- Verdeutlichen Sie, warum und für wen Ihr Thema relevant ist.
- Erklären Sie Ihrem Publikum, wie Ihre Präsentation aufgebaut ist.
- Nennen Sie das Ziel und die geplante Dauer Ihres Vortrags.

3. Hauptteil des Vortrags / der Präsentation

- Arbeiten Sie die relevanten Aspekte Ihres Themas nacheinander und in schlüssiger und logischer Reihenfolge ab.
- Informieren Sie die Zuhörer an jeder Stelle des Vortrags, was als Nächstes geschieht, und ziehen Sie Zwischenfazits.

4. Abschlussphase

- Signalisieren Sie das Ende des Vortrags und ziehen Sie ein Gesamtfazit, indem Sie die wichtigsten Aussagen noch einmal zusammenfassen oder wiederholen.
- Vermitteln Sie eine Botschaft und denken Sie dabei daran, dass man sich normalerweise das am besten merkt, was man zuletzt gehört hat.

> ☞ **Übrigens ...:** Je mehr Präsentationssituationen Sie im Vorfeld trainieren, desto leichter wird Ihnen die Vorbereitung und Durchführung eines Vortrags während eines Assessment-Center-Verfahrens gelingen. Zudem trainieren Sie auf diese Weise Ihre Selbstdarstellung, Überzeugungs- und Ausdrucksfähigkeit für reale Anforderungen im Arbeitsalltag.

Tipp 3: Halten Sie sich an die vier Kriterien der Verständlichkeit!

Damit das, was Sie sagen möchten, auch bei Ihren Zuhörern ankommt und verstanden wird, sollten Sie folgende Grundsätze beachten:

Formulieren Sie einfach

- Verwenden Sie – je nach Zielgruppe – nach Möglichkeit kurze Sätze, geläufige Wörter und formulieren Sie konkret.
- Verwenden Sie möglichst nur solche Fachwörter, Fremdwörter und Abkürzungen, die Ihren Zuhörern geläufig sind, und erklären Sie sie gegebenenfalls.

Formulieren Sie gegliedert

- Gliedern Sie Ihre Präsentation in übersichtliche und folgerichtige Abschnitte.
- Geben Sie zu Beginn Ihres Vortrags einen Überblick und schließen Sie mit einer prägnanten Zusammenfassung ab.

Fassen Sie sich kurz

- Verwenden Sie knappe, treffende Formulierungen.
- Beschränken Sie sich auf die wesentlichen Inhalte.

Formulieren Sie stimulierend

- Verwenden Sie Vergleiche, Beispiele, Bilder und ggf. auch Visualisierungsmedien.
- Sprechen Sie Ihr Publikum direkt an (z.B. mit Fragen).
- Variieren Sie Ihren Sprechrhythmus und legen Sie Redepausen ein, um Gesagtem Nachdruck zu verleihen.
- Verwenden Sie Ich-Botschaften und zeigen Sie so, dass Sie selbst vom Thema betroffen sind bzw. dass Ihnen das Thema am Herzen liegt.
- Formulieren Sie positiv.

Tipp 4: Achten Sie auf Ihre Körpersprache!

Ein wichtiges Hilfsmittel, um zu überzeugen oder Aufmerksamkeit zu erhalten, ist die Körpersprache. Hier ist Folgendes zu beachten:

- Halten Sie Blickkontakt zu allen Zuhörern.
- Nehmen Sie eine aufrechte Körperhaltung ein (d.h., die Arme nicht vor dem Körper verschränken und die Hände nicht in die Taschen stecken).
- Wenden Sie sich Ihren Zuhörern körperlich zu.
- Bewegen Sie sich ohne Hektik im Raum.
- Zeigen Sie auf Visualisierungen.
- Drücken Sie durch ein Lächeln Freundlichkeit aus und seien Sie ruhig ein wenig humorvoll, wenn es passt.
- Beobachten Sie Ihre Zuhörer. Wenn Sie Desinteresse wahrnehmen, reagieren Sie ggf. darauf.
- Setzen Sie Gesten zur Unterstützung Ihrer Aussagen ein. Gesten sollten die Aussagen angemessen unterstützen und natürlich und angenehm wirken. Dabei gilt Folgendes:
  - Verwenden Sie Gesten nur, wenn sie etwas bedeuten.
  - Zweihändige Gesten sind stärker als einhändige.
  - Gestik-Unarten wie etwa den erhobenen Zeigefinger sollten Sie tunlichst vermeiden.

3.6 Die Selbstpräsentation

Wenn im Vorfeld eines AC-Verfahrens noch kein Bewerbungsgespräch stattgefunden hat, beginnt der Auswahltag oft mit einer Selbstpräsentation. Das Unternehmen prüft damit u.a., inwieweit das Profil der zu besetzenden Stelle mit den persönlichen Interessen und Neigungen, der Motivation und den beruflichen Erfahrungen des Bewerbers übereinstimmt. Darüber hinaus können weitere Kompetenzen aus dem Anforderungsprofil bereits hier beobachtet werden.

Zur Vorbereitung Ihrer Selbstpräsentation erhalten Sie einige konkrete Fragen. Für die Vorbereitung kann man Ihnen bis zu 30 Minuten Zeit einräumen. Die Selbstpräsentation kann bis zu 15 Minuten dauern, wobei Sie im Mittel mit zehn Minuten rechnen sollten. Das ist auch die Richtgröße, die Sie als Übungszeit für die Vorbereitung zu Hause ansetzen können.

Je nach Konzeption des AC-Verfahrens sollten Sie sich darauf einstellen, dass die Assessoren anschließend Fragen zu Ihrem Vortrag stellen.

Übungsbeispiel

Übung: Selbstpräsentation

Sie haben 30 Minuten Zeit, um Ihre Selbstpräsentation vorzubereiten. Berücksichtigen Sie dabei diese Fragen:

1. Welche Erfahrungen und Fähigkeiten können Sie einbringen, die Sie als zukünftigen Niederlassungsleiter befähigen, die drei Bezirke erfolgsorientiert zu führen?
2. Was, glauben Sie, sind die Kernarbeitsaufgaben und Verantwortlichkeiten einer Niederlassungsleitung?
3. Warum haben Sie sich auf die Stelle beworben? Was genau interessiert Sie daran?
4. Was wissen Sie über unser Unternehmen, die „Reifen Sommer AG"?
5. Unser Unternehmen will kontinuierlich weiterwachsen und seine Marktposition ausbauen. Was werden Sie als Leiter der Niederlassung Nordost dazu beitragen?
6. Was genau erwarten Sie von Ihren 26 Mitarbeiter/-innen? Wie werden Sie Ihre Mitarbeiter/-innen führen?

Für Ihre Präsentation haben Sie nachher zehn Minuten Zeit. Viel Erfolg!

Welche Kompetenzen beobachten und bewerten die Assessoren?

Beobachtungsbogen – Selbstpräsentation	Beurteilung					
	1	2	3	4	5	6
Präsentationsfähigkeit						
◆ Hält Blickkontakt zu Assessoren						
◆ Ist körperlich zugewandt						
◆ Setzt Gestik zur Unterstützung des Gesagten ein						
◆ Hat „roten Faden", fasst Inhalte zusammen						
Überzeugungsfähigkeit/Selbstmotivation						
Frage 1						
◆ Konzentriert sich auf Wesentliches						
◆ Stellt wichtige Erfahrungen und Fähigkeiten vor						
◆ Berücksichtigt Management- und Führungskompetenzen						
Frage 2						
◆ Hat konkrete Vorstellungen						
◆ Benennt eigene Verantwortlichkeiten						
◆ Vorstellungen sind realitätsbezogen und umsetzbar						
Frage 3						
◆ Formuliert konkrete Motive und Interessen						
◆ Ist authentisch						

Frage 4						
◆ Hat sich informiert und nennt Relevantes						
◆ Kann etwas zum Unternehmen sagen (Umsatz, Mitarbeiterzahl, Zielausrichtung, Konkurrenz ...)						
Frage 5						
◆ Stellt Beziehung zu Frage 1 und 2 her						
◆ Unternehmerisches Denken und Handeln und strategische Kompetenz werden deutlich						
◆ Stellt Bezug zu den Unternehmenszielen her						
Frage 6						
◆ Formuliert konkrete Erwartungen						
◆ Geben und Nehmen wird deutlich						
◆ Führt eher kooperativ (bezieht Mitarbeiter ein, informiert sie, ist bei Problemen ansprechbar ...)						
Ausdrucksfähigkeit						
◆ Spricht laut und deutlich						
◆ Setzt Redepausen						
◆ Hat Sprachrhythmus						
◆ Formuliert positiv						
Gesamteindruck						

Stärken: ______________________________

____

Schwächen: ______________________________

____

Tipps zur Vorbereitung und Durchführung einer Selbstpräsentation

Die vier Tipps aus Kapitel 3.5 zur Vorbereitung und Durchführung eines Vortrags können Sie für Ihre Selbstpräsentation übernehmen.

> Wichtig ist, dass Sie sich auf das Wesentliche aus Ihrer Berufsbiografie konzentrieren.

Nicht alle Ihre beruflichen Erfahrungen haben eine gleichermaßen hohe Bedeutung für die zukünftigen Arbeitsaufgaben. Die Analyse der Stellenanzeige und die Informationsrecherche zum Unternehmen bilden die Grundlagen Ihrer Vorbereitung. Unterstützend können Sie auch die folgende Checkliste verwenden.

Checkliste: Bereiten Sie sich mit folgenden Fragen auf Ihre Selbstpräsentation im Rahmen eines AC-Verfahrens vor.

- Welche zukünftigen Arbeitsaufgaben habe ich bereits in der Vergangenheit wahrgenommen?

  ____

- Welche Ergebnisse konnte ich dabei erzielen? Was habe ich erreicht?

  ____

- Was habe ich gelernt? Welches Wissen konnte ich einsetzen/werde ich einbringen können?

  ____

- Welche Verantwortlichkeiten sind mit der Stelle verbunden und wie werde ich diese ausfüllen?

  ____

- Was plant das Unternehmen für die Zukunft? Was kann ich dazu beitragen?

  ____

- Welche Kompetenzen werden gefordert? Welche Beispiele aus meiner Berufsbiografie gibt es, die meine Eignung belegen?

  Kompetenz: Selbstmanagement, Organisationsfähigkeit
  Beispiele:
  - Ich habe aus Zielen Aufgaben für mich und die Mitarbeiter abgeleitet, mittelfristig geplant und Termine gesetzt.
  - Ich lasse täglich ein Zeitfenster für Unvorhergesehenes, bearbeite zuerst wichtige und dringliche Aufgaben, delegiere Aufgaben an Mitarbeiter und plane stets auch Erholungsphasen ein …

  Kompetenz: Belastbarkeit
  Beispiele:
  - Als beim Projekt X ein Mitarbeiter längerfristig krank wurde, habe ich seine Aufgaben freiwillig übernommen. Das bedeutete vier Monate umfangreiche Mehrarbeit; ich habe Überstunden gemacht und zum Teil an Samstagen gearbeitet.
  - In kritischen Situationen behalte ich stets den Überblick und suche nach Lösungen.
  - Ich habe parallel zwei wichtige Projekte bearbeitet und Ziele erreicht …

  Weitere Beispiele von Ihnen:

  ____

- Was genau interessiert mich an der vakanten Position?

  ____

- Welche Stärken kann ich einbringen?

  ____

- Welche Schwächen habe ich in Bezug auf die zu besetzende Stelle?

  ____

- Welche Erfahrungen, Interessen, Motive, Werte etc. kann ich dem Unternehmen vermitteln, die dafür sprechen, sich für mich zu entscheiden?

  ____

4 AC-Übung 2: Gesprächssituationen

4.1 Welche Kompetenzen lassen sich überprüfen?

Mit einer Gesprächssituation lassen sich folgende Kompetenzen überprüfen:

- Kommunikationsfähigkeit
- Konfliktfähigkeit
- Zielorientierte Gesprächsführung
- Überzeugungsfähigkeit
- Durchsetzungsfähigkeit
- Verhandlungsgeschick
- Kundenorientierung
- Verkaufstalent
- Beratungskompetenz
- Führungsstil

4.2 Wie ist die Übung aufgebaut?

Die Grundidee dieser Übung ist es, einen kritischen Gesprächsanlass zu simulieren, der dem späteren Stelleninhaber möglicherweise so oder so ähnlich im Arbeitsalltag begegnen wird. Das kann je nach zu besetzender Position z.B. die Verhandlung mit einem Mitarbeiter über Gehalt oder Arbeitszeit sein, ein Einkaufsgespräch, der Kundenbesuch eines Außendienstlers oder ein Kritikgespräch.

> Beobachtet und bewertet werden dabei Ihre kommunikativen Kompetenzen.

Meist werden Zweiergespräche durchgeführt, wobei der Bewerber den Part des zukünftigen Stelleninhabers einnimmt. Der andere Gesprächspartner ist in der Regel eine Person, die nicht zum Assessorenteam gehört, es kann sich dabei

beispielsweise um einen Mitarbeiter der begleitenden Unternehmensberatung handeln.
Im Vorfeld ist festgelegt, wie Ihr Gesprächspartner sich verhalten wird, und diese Informationen liegen den Assessoren vor, sie sind Ihnen als Bewerber jedoch natürlich nicht zugänglich. So ist z.B. festgelegt,

- wie der Gesprächspartner auftreten wird (fröhlich; verärgert; unwissend; wissend, aber verschweigend; Fragen stellend oder wortkarg ...),
- warum er bestimmte Verabredungen nicht eingehalten und Ergebnisse nicht erreicht hat,
- was seine Ziele sind,
- was er von Ihnen erwartet und
- worauf er sich im Gespräch einlässt oder auch nicht einlassen wird.

Zur Vorbereitung des Gesprächs erhalten Sie einen Einführungstext mit Sachinformationen, aus dem sich für Sie folgende Inhalte erschließen:

- Welche Funktion/Rolle nehme ich ein?
- Was ist mein Verantwortungsbereich?
- Wer ist mein Gesprächspartner?
- Kenne ich ihn? Wenn ja, was ist das für eine Person? Welche Rolle/Funktion füllt er aus?
- Was ist bisher passiert oder vereinbart worden?
- Was ist das Ziel des Gesprächs?

Es kann sein, dass Sie keine Zielvorgabe erhalten. Dann erwartet man von Ihnen, dass Sie selbstständig in der Lage sind, ein Gesprächsziel zu formulieren, das Sie in Ihrer Vorbereitungszeit schriftlich festhalten. Vor dem Gespräch stellt der Moderator dem Assessorenteam Ihre Zielsetzung vor und sie wird zur Gesprächsauswertung herangezogen.
Über Ihre kommunikativen Kompetenzen hinaus kann anhand dessen eingeschätzt werden, wie realitätsbezogen und damit erreichbar Ihre Ziele sind. Zugleich kann bewertet werden, ob Sie aufgrund des Gesprächsverlaufs und der In-

formationen, die Sie während des Gesprächs erhalten, in der Lage sind, Ihre Gesprächsstrategie zu verändern.

Für die Vorbereitung eines kritischen Gesprächs haben Sie für gewöhnlich bis zu 20 Minuten Zeit, in Ausnahmefällen auch mal mehr oder weniger. Das Gespräch selbst dauert dann in der Regel zwischen zehn und 15 Minuten.
Über folgende Fragen sollten Sie in Ihrer Vorbereitungszeit Klarheit gewinnen:

- Was möchte ich ansprechen bzw. besprechen?
- Welche Ursachen könnten dem Problem, um das es im Gespräch geht, zugrunde liegen?
- Welche Strategie verfolge ich?
- Was ist mein maximales Ziel in diesem Gespräch?
- Was ist mein Minimalziel?

Nach dem simulierten Gespräch gibt es zwei Möglichkeiten für das weitere Vorgehen: Entweder, Sie werden gebeten, den Raum zu verlassen. Das Assessorenteam befragt nun Ihren Gesprächspartner, wie es ihm im Gespräch mit Ihnen ergangen ist, wie er sich fühlt, was er jetzt unternehmen oder wie er sich Ihnen gegenüber künftig verhalten wird.
Die zweite Möglichkeit ist, dass Sie nach dem Gespräch in Anwesenheit des Assessorenteams vom Moderator befragt werden. Folgende Fragen sind denkbar:

- Haben Sie den Eindruck, Ihre Ziele erreicht zu haben?
- Wie zufrieden sind Sie mit dem Gesprächsergebnis?
- Wie soll es weitergehen? Was werden Sie als Nächstes tun? Was nehmen Sie sich vor?

> ☞ **Übrigens ...:** Für die hier beschriebenen Übungen verwenden die meisten Fachbuchautoren die Bezeichnung „Rollenspiele“. In diesem Buch wird das Wort bewusst nicht verwendet. Schließlich verabreden Sie sich in der beruflichen Praxis mit einem Kunden auch nicht zu einem Rollenspiel, sondern Sie führen z.B. ein Gespräch mit dem Unternehmensvertreter Herrn Müller oder mit der Mitarbeiterin Frau Schulze.

4.3 Übungsbeispiel

Im Folgenden finden Sie eine beispielhafte Gesprächssituationsübung.
Damit Sie einen Eindruck davon erhalten, welche Klippen in das Gespräch eingebaut werden sollen, lesen Sie im Anschluss an die Übungsbeschreibung die Hintergrundinformationen über das Verhalten des Gesprächspartners, die den Assessoren vorliegen – dem Kandidaten in der realen AC-Situation jedoch nicht.

Übung: Gespräch mit Ihrem Bezirksleiter, Herrn Fröse, Bezirk Brandenburg

Stellen Sie sich bitte folgende Situation vor:

Sie sind seit drei Monaten Niederlassungsleiter Nordost der „Reifen Sommer AG". Sie tragen die Budget- und Personalverantwortung und berichten direkt an die Geschäftsführung. Ihnen unmittelbar unterstellt sind die drei Bezirksleitungen aus Berlin, Brandenburg und Mecklenburg-Vorpommern. Herr Fröse ist Leiter des Bezirks Brandenburg; er hat zehn Vertriebsmitarbeiter/-innen.

Die Geschäftsführung der „Reifen Sommer AG" hat Sie aufgefordert, eine Personalbedarfsplanung Ihrer Niederlassung für die nächsten drei Jahre und eine Weiterbildungsplanung für die 26 Mitarbeiter der drei Standorte für das kommende Geschäftsjahr vorzunehmen, um die mittelfristige Zielsetzung (Marktanteil erhöhen) zu erreichen. Der Geschäftsführung ist daran gelegen, die Vertriebsmitarbeiter fit zu machen. Insbesondere außerfachliche Kompetenzen sollen stärker entwickelt werden, um in den nächsten drei Jahren den Marktanteil von 30 % auf 40 % zu steigern.

Sie müssen in vier Tagen beide Gesamtkonzeptionen abgeben. Zur Erstellung der Gesamtplanung sind Sie auf die konkreten Zahlen, Fakten und Daten der drei Bezirksleitungen angewiesen. Auf einer Besprechung vor 14 Tagen haben Sie die Führungskräfte aufgefordert, die Personalbedarfs- und Weiterbildungsplanung für ihren Zuständigkeitsbereich zu ermitteln.

Gestern trafen Sie sich zu Einzelgesprächen mit dem Leiter des Standortes Mecklenburg-Vorpommern und der Leiterin des Standortes Berlin. Beide haben ihre Teilkonzepte für ihren Zuständigkeitsbereich vollständig entwickelt und schriftlich nachvollziehbar dokumentiert.

Heute sind Sie mit Herrn Fröse verabredet und erwarten seine Zuarbeit.

Informationen zur momentanen Unternehmenssituation

Es ist Herbst, eine Jahreszeit, in der die Vertriebsmitarbeiter wie immer an ihrer Belastungsgrenze arbeiten. Die Autohäuser, Kfz-Werkstätten und Reifenserviceunternehmen bestellen jetzt die Winterreifen. Mehrarbeit ist in dieser Zeit üblich. Die Überstunden werden um die Weihnachtszeit und im Januar fast vollständig abgebaut. Um die vorgegebenen Umsatzziele noch zu erreichen, müssen in allen drei Bezirken weiterhin neue Kunden akquiriert werden.

Informationen zum Bezirk Brandenburg und zum Gesprächspartner

An diesem Standort fand vor kurzem eine Umstrukturierung statt. Zwei langjährig beschäftigte Vertriebsmitarbeiter sind im vergangenen Jahr in den Ruhestand gegangen. Um Personalkosten zu sparen, wurden die beiden Stellen nicht neu besetzt. Stattdessen wurden die einzelnen Gebiete unter den verbleibenden zehn Mitarbeitern neu aufgeteilt. Das führte bei vielen Vertriebsmitarbeitern zu einigem Unmut. Langjährig aufgebaute persönliche Kundenkontakte mussten an andere Kollegen abgegeben werden.

Herrn Fröse gelang es weitgehend, die Konflikte im Team zu lösen und weiterhin für eine angenehme Arbeitsatmosphäre zu sorgen. Herr Fröse arbeitet bereits seit 15 Jahren bei der „Reifen Sommer AG“ und hat die Vertriebsstrukturen im Bezirk Brandenburg aufgebaut. Bei den Kunden genießt er ein hohes Ansehen. Im Gegensatz zu den Bezirksleitern an anderen Standorten gelang es ihm in den vergangenen Jahren immer, die Umsatzziele zu erreichen. Oft übertraf er sie sogar. Das brachte ihm von der Geschäftsführung viel Lob ein. Von seinen Mitarbeitern wird er wegen seines kooperativen Führungsstils geschätzt. Wenn es darauf ankommt, kann er sich durchsetzen.

In diversen Besprechungen haben Sie ihn als einen Menschen kennen gelernt, der an der Lösung auftretender Probleme interessiert ist, Ideen zur Verbesserung einbringt und sich durchaus kritisch äußern kann. Zu Ihnen pflegt er einen wertschätzenden Umgang.

Seit vier Wochen haben Sie bei Herrn Fröse eine Veränderung im Leistungsverhalten wahrgenommen. In den letzten beiden Wochen meldete er die wöchentliche Umsatzstatistik zwei Tage später als vereinbart. Sie konnten der Geschäftsführung die Gesamtzahlen erst 48 Stunden später durchgeben. Das brachte Ihnen bereits eine Kritik ein. Zudem hatte es Auswirkungen auf Ihre eigene Terminplanung. Sie mussten ein Abendessen mit einem wichtigen Verbandsvertreter verschieben.

Auf den beiden letzten Sitzungen mit den Bezirksleitungen ist Ihnen aufgefallen, dass Herr Fröse sehr unkonzentriert wirkte. Er hörte nicht genau zu, war nicht richtig ansprechbar, mit seinen Gedanken scheinbar ganz woanders. Er gab keine Anregungen zur Problemlösung und hinterfragte nicht wie sonst unkonkrete Aussagen seiner beiden Bezirkskollegen. Seine durchaus humorvolle Art ist dem passiven Reagieren gewichen.

Heute kommt Herr Fröse zu Ihnen ins Büro. Gestern sagte er Ihnen am Telefon, dass er noch an der Personalbedarfsplanung arbeite. Er versprach Ihnen, heute den Personalbedarfsplan für die nächsten drei Jahre und den Weiterbildungsplan für das kommende Jahr mitzubringen.

Sie haben jetzt 20 Minuten Zeit, um das Gespräch vorzubereiten.

Beantworten Sie bitte folgende Fragen:

- Was genau möchten Sie mit Herrn Fröse besprechen?
- Was ist Ihr Maximalziel?
- Was ist Ihr Minimalziel?

Für das Gespräch haben Sie nachher 15 Minuten Zeit. Im Anschluss müssen Sie sofort aufbrechen, um pünktlich zur Besprechung der Geschäftsführung mit den anderen fünf Niederlassungsleitungen der „Reifen Sommer AG“ im Hotel „Burghof“ zu kommen.

Hintergrundinformation über den Bezirksleiter, Herrn Fröse

- Die beiden Konzepte hat er nicht bei sich. Für die Weiterbildungsplanung ist ihm eingefallen, dass im nächsten Jahr ein Training zum Thema „Schwierige Kunden gewinnen“ für seine Vertriebsmitarbeiter hilfreich wäre. Ansonsten hat er keine Detailplanung dabei.
- Zur mittelfristigen Personalbedarfsplanung ist er noch nicht gekommen.
- Die Umstrukturierung hat all seine Kraft gekostet: Konflikte schlichten, den Mitarbeiter/-innen Strategien erklären und sie weiter motivieren, neue Kunden akquirieren. Die Konflikte zwischen den Mitarbeitern haben jetzt abgenommen. Die Arbeitsatmosphäre von früher ist jedoch noch lange nicht wiederhergestellt.
- Seit vier Wochen ist einer seiner besten Vertriebsmitarbeiter schwer erkrankt. Um seine wichtigsten und absatzstärksten Kunden und um die treuesten Reifenserviceunternehmen (die leider nicht zu den kaufkräftigsten Unternehmen gehören) kümmert er sich jetzt persönlich. Herr Fröse vereinbart Kundentermine und nimmt sich Zeit für die Kundenpflege. Das scheint sich zu lohnen. Ein Blick in die Umsatzzahlen beweist das. Die anderen Kunden des Mitarbeiters wurden an Kollegen verteilt.
- Die Niederlassungsleitung kennt den personellen Engpass nicht. Herr Fröse hat beim Niederlassungsleiter keinen zusätzlichen Personalbedarf angemeldet, da er weiß, dass die Niederlassung schon wieder mit dem Erreichen der Jahresumsatzziele zu tun hat und wohl kaum Geld für zusätzliches Personal zur Verfügung steht.
- Jedoch muss er sich als Bezirksleiter auch um sein Tagesgeschäft kümmern.
- Seine Belastungsgrenze ist erreicht. Weitere zusätzliche Aufgaben – wie jetzt die Personalbedarfs- und Weiterbildungsplanung – kann er nicht übernehmen.
- Das „Nein“-Sagen fällt ihm generell schwer.
- Im Moment hat er Angst, die Umsatzziele in diesem Jahr nicht zu erreichen. Deswegen hat er für sich mindestens einen Tag pro Woche für die Neukundengewinnung eingeplant.
- Herr Fröse hat kaum noch Zeit für seine Ehefrau und die beiden Kinder. Einige Ehekrisen hat er schon durch. Sein Sohn hat Schulprobleme und seine Frau fühlt sich damit alleingelassen und überfordert.

- Er schläft zurzeit schlecht und wenig und ist deswegen tagsüber müde und unkonzentriert.
- Herr Fröse würde gerne Unterstützung von der Niederlassungsleitung in Anspruch nehmen, auch wenn er im Moment nicht weiß, worin diese bestehen könnte.
- Wenn er keine Entlastung erhält, wird er vermutlich spätestens in 14 Tagen körperlich „zusammenbrechen“ und für längere Zeit krank sein.

4.4 Welche Kompetenzen beobachten und bewerten die Assessoren?

Beobachtungsbogen – Gespräch mit Herrn Fröse						
	Beurteilung					
	1	2	3	4	5	6
Kommunikationsfähigkeit						
◆ Steht auf, begrüßt, bietet Platz an						
◆ Ist körperlich zugewandt und hält Blickkontakt						
◆ Lässt ausreden						
◆ Fragt präzise nach						
◆ Hört aktiv zu						
Zielorientierte Gesprächsführung						
◆ Formuliert Gesprächsziel						
◆ Strukturiert das Gespräch, führt einen Dialog						
◆ Vereinbart konkrete, überprüfbare Absprachen						
◆ Fasst zusammen						
◆ Hat „roten Faden“						

Kooperativer, situationsgemäßer Führungsstil						
◆ Erkennt vergangene Leistung und derzeitiges Engagement an, lobt						
◆ Bleibt sachlich und wertschätzend						
◆ Spricht Probleme konkret an						
◆ Nimmt Aussagen/Probleme ernst, geht darauf ein						
◆ Stellt sich der Situation (verschiebt nicht auf später)						
◆ Stellt lösungsorientierte Fragen						
◆ Äußert Verständnis für schwierige Situation						
Konfliktfähigkeit						
◆ Benennt eigene Erwartungen, Wünsche, Haltungen, Ziele						
◆ Kann verhaltensbezogenes Feedback geben						
◆ Respektiert Kompetenz, Erfahrung, Erfolge						
◆ Erfragt Ursachen, meidet Warum-Fragen						
◆ Erfragt Lösungsvorschläge						
◆ Macht selbst Vorschläge zur Problemlösung, die eine erste Entlastung schaffen						
Gesamteindruck						

Stärken: ____

____

Schwächen: ____

____

4.5 Tipps zur Vorbereitung und Durchführung

Nutzen Sie die folgenden Tipps, um sich auf eine Gesprächssituation vorzubereiten. Bitten Sie einen Freund / eine Freundin, den Part von Herrn Fröse zu übernehmen und führen Sie die in Kapitel 4.3 vorgestellte Übung durch. Ein oder zwei weitere Personen können Sie darum bitten, Ihnen anhand des Bewertungsbogens in Kapitel 4.4 ein Feedback zu geben.
Bei der Vorbereitung werden Ihnen außerdem die Checkliste und nachfolgende Tipps behilflich sein.

Checkliste: Bereiten Sie sich mit folgenden Fragen auf eine Gesprächssituation im Rahmen eines AC-Verfahrens vor.

- In welcher Position bin ich? Welche Arbeitsaufgaben/ Verantwortlichkeiten, in denen kommunikative Kompetenzen gefordert werden, prägen die Position, um die ich mich bewerbe?

  ____

  ____

- Wer sind meine zukünftigen Gesprächspartner (Kollegen, Kunden, Vorgesetzte, Mitarbeiter, Gremienvertreter, Vertriebspartner, Konkurrenz, Journalisten ...)?

  ____

  ____

- Welche Probleme und welche damit verbundenen schwierigen Gesprächssituationen werden im Berufsalltag auftreten? (Beschwerde, Motivationsproblem, Verhandlungs- oder Konfliktsituation – als Beteiligter oder als Schlichter, Beratungskontext ...)

  ____

  ____

Tipp 1: Das Zeitproblem

Die simulierten Gesprächssituationen in einem AC-Verfahren sind häufig so konzipiert, dass diese im Rahmen eines kurzen Gesprächs nicht vollständig gelöst werden können. Folgegespräche oder weitere Aktivitäten des zukünftigen Stelleninhabers sind notwendig.

> Bedenken Sie immer, dass es sich um einen Ausschnitt zukünftiger Arbeitsrealität handelt.

Bedenken Sie weiter, dass es auch in der konkreten Tätigkeit Situationen geben kann, wo Sie sich selbst mehr Zeit für Gespräche wünschen, diese jedoch ausgerechnet heute nicht vorhanden ist. Kennen Sie das aus Ihrer eigenen Berufsbiografie?

Tipp 2: Ziele als vorausgedachtes Ergebnis eines Gesprächs

Es ist wichtig, sich in der Vorbereitung des Gesprächs konkrete Gedanken zur eigenen Zielsetzung und zur Gesprächsstrategie zu machen. Dazu müssen Sie den vorliegenden Text gründlich lesen und entscheiden, was Sie z.B. in zehn Minuten besprechen und klären möchten und worum Sie sich zeitnah, aber erst später kümmern werden.

> Setzen Sie sich realistische Ziele.

Hilfreich ist es, sich die Frage zu beantworten: Was würde ich tun, wenn das eine reale Situation wäre?

Tipp 3: Die Ursachen eines (Fehl-)Verhaltens analysieren

Für die Besetzung von Führungspositionen werden meistens schwierige und kritische Gesprächssituationen mit Mitarbeitern entwickelt. Wenn Sie vorhaben, in einem Gespräch die Ursachen für ein „Fehlverhalten" zu erforschen, um entsprechend handeln zu können, bedenken Sie dabei folgende Fragen, die helfen, Rückschlüsse auf die Ursachen des Fehlverhaltens zu ziehen (das sind gleichzeitig Praxistipps für erfolgreiches Führungsverhalten in kritischen Situationen):

Darf er sich nicht anders verhalten? Lassen die äußeren Umstände ein anderes Verhalten nicht zu?

- Soziales Dürfen und Sollen, Normen und Regelungen: Was verlangt der Gesetzgeber, was verlangen ungeschriebene Regeln oder der Anstand von uns? Was sind Selbstverständlichkeiten des Verhaltens innerhalb der Kultur eines Unternehmens oder ungeschriebene Spielregeln einer Abteilung?
- Situative Ermöglichung: Sind die Ressourcen vorhanden, um Ziele zu erreichen? Verfügt man über das notwendige Geld, die Unterstützung des Vorgesetzten, der Kollegen?

Kann er sich nicht anders verhalten?

Persönliches Können: Sind die Mitarbeiter ausreichend qualifiziert? Besitzen Sie die notwendigen fachlichen und außerfachlichen Kompetenzen, Fähigkeiten und Fertigkeiten?

Will er sich nicht anders verhalten?

Persönliches Wollen: Sind die Motivation und der Wille vorhanden, um die Ziele zu erreichen?

Es kann verschiedene Ursachenkombinationen geben, beispielsweise wenn ein Mitarbeiter etwas nicht kann und auch nicht will.

> Je nach Ursache ist ein situativ angepasstes Führungs- und damit auch Gesprächsführungsverhalten erforderlich.

Schließlich ist es ein Unterschied, ob der Mitarbeiter etwas nicht will oder ob ihm bestimmte Kompetenzen fehlen, um es zu können.

Kurzanalyse des Falls „Bezirksleiter Herr Fröse“

Zur Erinnerung: Sie sind Niederlassungsleiter Nordost der „Reifen Sommer AG“. Ihre Niederlassung hat ein Umsatzproblem, die Vertriebsmitarbeiter arbeiten zurzeit an ihrer Belastungsgrenze und Sie sollen in vier Tagen zwei Planungskonzepte abgeben.
Herr Fröse arbeitet seit 15 Jahren im Unternehmen, hat Aufbauarbeit geleistet, genießt ein hohes Ansehen bei den Kunden, erreicht oder übertrifft Umsatzziele, wird von den Mitarbeitern anerkannt und die Geschäftsführung hat ihn gelobt. Die Umstrukturierung hat er gemeistert. Das heißt:
→ Er will und kann, er darf und macht, nimmt äußere Umstände an und wird aktiv. Er hat zwei Stellen eingespart; die äußeren Bedingungen haben sich verändert und er agiert unternehmensbezogen.

Er arbeitet gut mit Ihnen und den anderen Bezirksleitungen zusammen, hat bis vor kurzem Ideen eingebracht und kann sich kritisch äußern. Das heißt:
→ Er will und kann.

Sein Leistungsverhalten in den letzten vier Wochen: Er hat zweimal die Statistik zu spät abgegeben, was Auswirkungen auf Ihre Zeitplanung hatte; Sie wurden daraufhin von der Geschäftsführung kritisiert. Er wirkt unkonzentriert, übermüdet.

Zwischenfazit

Wie Sie den Hintergrundinformationen entnehmen können, hat Herr Fröse ein Könnensproblem:

- Er muss Mehrarbeit leisten und hat damit verbunden ein Problem im Selbst- und Zeitmanagement.
- Er setzt nicht durchgängig die richtigen Prioritäten im Kundenbereich, um die Umsatzziele zu erreichen,
- aber er ist auf einem erfolgreichen Weg – die Umsatzzahlen steigen.

Er kann nicht „Nein“ sagen, will wahrscheinlich auch nicht noch mehr delegieren, da ihm bestimmte Kunden so wichtig sind. Er schätzt realistisch ein, dass er kein zusätzliches Personal erhalten wird. Und er hat ein privates Problem.

Als Führungskraft sollten Sie erkennen, dass Sie einen engagierten Bezirksleiter haben, der 15 Jahre zum Erfolg der gesamten Niederlassung beigetragen hat. Sie müssten seine Belastungsgrenze erkennen und sich fragen, wie Sie Herrn Fröse unterstützen können und trotzdem Ihre Terminvorgaben halten.

Wie können Sie Herrn Fröse unterstützen?
- Sie können Mitarbeiter aus anderen Bezirken zur Verstärkung anfordern, bis die hoch frequentierte Zeit vorbei ist.
- Sie können Herrn Fröse darin bestärken, einige Kunden an andere kompetente Vertriebsmitarbeiter zu delegieren und sich selbst auf die umsatzstarken Partner zu konzentrieren.
- Sie können ihm zwei Tage frei geben, damit er die beiden Konzepte entwickeln kann.
- Sie können perspektivisch über Entlastungen sprechen, Arbeitsaufgaben analysieren und Kernaufgaben definieren.

Tipp 4: Was tun, wenn der Gesprächspartner keine Ursachen nennt?

Fragen Sie lösungsorientiert nach, z.B.:
- „Was müsste passieren, damit Sie zukünftig die Terminvorgaben einhalten?“
- „Was ist im Moment besonders schwierig für Sie?“
- „Was müsste anders/besser werden?“
- „Wie kann ich Sie unterstützen?“

Wenn der Gesprächspartner eine dieser Fragen beantwortet, erfahren Sie mit großer Wahrscheinlichkeit die Ursachen für das Problem – und zwar ohne direkt nach diesen gefragt zu haben. So haben Sie einen Anhaltspunkt dafür, wie Sie das Gespräch am besten fortsetzen.

Tipp 5: Was tun, wenn mir in der Situationsbeschreibung eine Emotion unterstellt wird?

In einem Assessment-Center kann es Ihnen passieren, dass Ihnen in der Situationsbeschreibung eine Emotion suggeriert wird: „… und als Sie hörten, dass Herr X den Kunden ohne Vertragsabschluss gehen ließ, waren Sie verärgert.“ Prüfen Sie in diesem Fall bitte kritisch, ob Sie tatsächlich verärgert sind oder ob sich bei Ihnen eine andere Emotion einstellt. Ist Letzteres der Fall, sollten Sie auch mit dieser „in das Gespräch gehen“, damit Sie authentisch bleiben.

Tipp 6: Dos und Don’ts

- Stellen Sie nicht nur geschlossene Fragen, die als Antwort nur ein Ja oder Nein erfordern.
- Lassen Sie Ihren Gesprächspartner in angemessenem Maße zu Wort kommen.
- Stellen Sie möglichst keine Warum-Fragen. Sie könnten damit einen Konflikt verschärfen oder provozieren.
- Berücksichtigen Sie die Beziehungsebene und äußern Sie keine Pauschalurteile in der Art von „Von Ihnen kann ja nichts anderes kommen“.
- Vermeiden Sie Unterstellungen wie „Sie sind überfordert“.
- Beenden Sie das Gespräch niemals ohne Vereinbarung und verschieben Sie das Gespräch nicht sofort, weil Sie keine Zeit haben.
- Halten Sie Blickkontakt zu Ihrem Gesprächspartner.
- Sprechen Sie Probleme offen an und verdrängen Sie sie nicht.
- Gehen Sie sowohl auf die Sachaussagen Ihres Gesprächspartners ein als auch auf seine Appelle, Wünsche und unausgesprochenen Erwartungen.
- Seien Sie kritisch sich selbst gegenüber.
- Agieren Sie immer mit Wertschätzung.

5 AC-Übung 3: Gruppensituationen

5.1 Welche Kompetenzen lassen sich überprüfen?

Mit einer Gruppensituation lassen sich folgende Kompetenzen überprüfen:

- Teamfähigkeit
- Kooperationsfähigkeit
- Kommunikationsfähigkeit
- Überzeugungs- und Durchsetzungsfähigkeit
- Zielorientierte Zusammenarbeit
- Moderationsfähigkeit

5.2 Wie ist die Übung aufgebaut?

In Gruppensituationen, die z.B. als Expertenrunden, Team- und Dienstbesprechungen oder Arbeitsgruppentreffen angekündigt werden, geht es darum, in einer vorgegebenen Zeit gemeinsam mit den Mitbewerbern ein Problem zu lösen, Maßnahmen oder Strategien zu entwickeln, Ziele zu definieren oder Entscheidungen zu treffen. Die vorgegebenen Gesprächsinhalte können komplex oder einfach, fachspezifisch oder allgemein sein.

Abhängig vom Anforderungsprofil der zu besetzenden Position kann das Ziel dieser AC-Übung darin bestehen, in der Gruppe eine gemeinsame Lösung für ein Problem zu finden oder auch darin, die eigenen Ideen gegen die Vorstellungen der anderen durchzusetzen.

Das Besprechungsziel ist in der Regel in der Aufgabenbeschreibung formuliert. Da mit dieser Übung oft die Team- und Kooperationsfähigkeit überprüft wird, achtet das Assessorenteam darauf, wie Sie sich in der Gruppe verhalten und mit anderen zu gemeinsamen Ergebnissen kommen.

Die Gruppengröße variiert abhängig von der Zahl der Bewerber. In der Regel nehmen drei bis sechs Personen an einer Gruppensituation teil. Werden mehr als sechs Bewerber getestet, ist ein personell stark besetztes Assessorenteam erforderlich. Das wird oft so gelöst, dass z.B. bei acht Bewerbern zwei Sitzungen mit je vier Bewerbern durchgeführt werden. Je nach Aufgabenstellung und Gruppengröße müssen Sie mit Durchführungszeiten von etwa 30 bis 60 Minuten rechnen.
Handelt es sich um eine komplexe Aufgabenstellung, können Sie damit rechnen, dass Ihnen eine Vorbereitungszeit gewährt wird, in der Sie bereits einen konkreten Lösungsvorschlag entwickeln.

Bei der konkreten Ausgestaltung einer Gruppensituation gibt es verschiedene Varianten. Man unterscheidet

- Gruppensituationen mit und ohne Rollenvorgabe sowie
- geführte und führerlose Gruppensituationen.

Führerlose Gruppensituation ohne Rollenvorgabe

In einer führerlosen Gruppensituation agieren alle Beteiligten gleichberechtigt. Die Teilnehmer befinden sich auf der gleichen hierarchischen Position (i.d.R. ist das die Zielposition, auf die Sie sich beworben haben). Alle Kandidaten erhalten die gleiche Aufgabenstellung und die gleichen Hintergrundinformationen.

Führerlose Gruppensituation mit Rollenvorgabe

Bei dieser Variante erhalten die Kandidaten mit der Aufgabenstellung die Zuweisung einer bestimmten Rolle. Beispielsweise erhalten Sie die Vorgabe, Abteilungsleiter A darzustellen; die anderen Bewerber sollen die Rollen der Abteilungsleiter B, C und D einnehmen. Zusammen mit der Rollenangabe werden verschiedene Hintergrundinformationen verteilt, die die Bewerber untereinander nicht kennen.

Beispiel für eine Gruppensituation mit Rollenvorgabe

Das Unternehmen möchte 60.000 € investieren und erwartet von den Abteilungsleitern einen gemeinsamen Entscheidungsvorschlag. Rollenvorgaben:

- Vorschlag von Abteilungsleiter A: Anschaffung neuer Leasingautos
- Vorschlag von Abteilungsleiter B: Anschaffung von neuen PCs und neuer Software
- Vorschlag von Abteilungsleiter C: Renovierung und Neuausstattung der Büros
- Vorschlag von Abteilungsleiter D: Einstellung von zwei neuen Mitarbeitern

In der Aufgabenbeschreibung finden Sie unter Umständen außerdem Informationen, die die Ihnen zugewiesene Position (im obigen Beispiel: Investitionsvorschlag) begründen. Die Situation kann dadurch verschärft werden, dass man Ihnen den Auftrag erteilt, sich in der Besprechung mit Ihrem Vorschlag durchzusetzen. Das Assessorenteam erwartet dann ein überzeugendes und durchsetzungsorientiertes Verhalten.

Geführte Gruppensituation

In einer geführten Gruppensituation erhalten Sie den Auftrag, die Diskussion eine bestimmte Zeit lang zu moderieren und damit zu steuern. Danach übernimmt dann der nächste Bewerber die Moderation der Gruppe. Im Fokus der Beobachtung stehen Ihre Moderations- und Gruppensteuerungskompetenzen und die damit verbundene Zielorientierung.

☞ **Übrigens …:** Für die hier beschriebenen Übungen verwenden die meisten Fachbuchautoren die Bezeichnung „Gruppendiskussion“. In diesem Buch wird das Wort bewusst nicht verwendet. Schließlich treffen Sie sich in Ihrer zukünftigen beruflichen Praxis mit Ihren Kollegen auch nicht zu einer Gruppendiskussion, sondern zur wöchentlichen (Dienst-)Besprechung.

5.3 Übungsbeispiel

Übung: Arbeitsbesprechung der Niederlassungsleiter

Hintergrundinformationen

Die „Reifen Sommer AG" ist Vertriebspartner verschiedener weltweit führender Reifenproduzenten. Ihre Kunden sind Kfz-Werkstätten, Reifenserviceunternehmen und renommierte Autohäuser in ganz Deutschland.

Das Unternehmen ist in den letzten 15 Jahren kontinuierlich gewachsen. Die Mitarbeiter/-innen des Unternehmens arbeiten in hohem Maße kundenorientiert. So konnte ein Marktanteil von derzeit 30 % erreicht werden.

Die Geschäftsführung der „Reifen Sommer AG" plant in den nächsten drei Jahren eine Zertifizierung des Qualitätsmanagements. Kundenbezogene und interne Prozessabläufe sind noch nicht eindeutig genug geregelt. Bei den kundenbezogenen Prozessen mangelt es z.B. an einem einheitlichen Vorgehen in den Bereichen Kundenbindung und Kundenpflege. Jede Region setzte hier bisher sehr unterschiedliche Schwerpunkte und die Mitarbeiter des Vertriebs bemühten sich, jeder ein Stück nach seiner „Fasson" die Kunden an das Unternehmen zu binden und die vorhandenen Kontakte zu pflegen. Das soll zukünftig professioneller und einheitlicher gestaltet werden.

Stellen Sie sich bitte folgende Situation vor:

In 15 Minuten treffen Sie sich mit den vier anderen Niederlassungsleitern des Unternehmens zu der regelmäßig stattfindenden Arbeitsbesprechung. Die Geschäftsführung der „Reifen Sommer AG" hat die Niederlassungsleiter beauftragt, einen ersten Vorschlag für ein einheitliches Vorgehen zur Kundenbindung und -pflege zu entwickeln. Der Erstentwurf sollte bereits Vorschläge für Alleinstellungsmerkmale beinhalten, welche sich von der Konkurrenz abheben.

Ihr Auftrag ist es, gemeinsam mit den anderen Niederlassungsleitern einen ersten Grobentwurf zu folgender Frage zu entwickeln:

Welche Prozesse, Vorgehensweisen und Aktivitäten schlagen Sie für unser Unternehmen vor, um die

Kundenpflege und Kundenbindung einheitlicher und damit professioneller zu gestalten?

Sie haben jetzt 15 Minuten Zeit, sich zunächst alleine mit dieser Frage zu befassen. Anschließend treffen Sie die anderen Niederlassungsleiter. Für Ihre erste Sitzung zu diesem Thema stehen Ihnen 45 Minuten zur Verfügung. Die Geschäftsführung erwartet den gemeinsam entwickelten Erstentwurf am heutigen Nachmittag per E-Mail.

5.4 Welche Kompetenzen beobachten und bewerten die Assessoren?

Beobachtungsbogen – Arbeitsbesprechung						
	Beurteilung					
	1	2	3	4	5	6
Kommunikationsfähigkeit						
◆ Ist mit anderen in Kontakt (hält Blickkontakt, ist zugewandt)						
◆ Lässt andere ausreden						
◆ Fragt präzise nach						
◆ Hört aktiv zu						
◆ Drückt sich eindeutig und klar aus						
Zielorientierte Zusammenarbeit						
◆ Strukturiert die Besprechung						
◆ Vereinbart konkrete, überprüfbare Absprachen						
◆ Fasst zusammen						
◆ Stellt eigene konkrete Ideen vor und begründet sie						
◆ Hat „roten Faden“						

Kooperationsfähigkeit						
◆ Bleibt sachlich und wertschätzend (respektiert Kompetenz und Erfahrung anderer)						
◆ Arbeitet Gemeinsamkeiten heraus						
◆ Bewertet Ideen anderer nicht sofort						
◆ Spricht Problem konkret an						
◆ Greift Ideen auf, entwickelt sie weiter						
◆ Stellt lösungsorientierte Fragen						
◆ Beantwortet Fragen, stellt sein Wissen zur Verfügung						
◆ Bietet Kompromiss an bzw. geht auf Kompromiss ein						
Kenntnisse Kundenpflege/Kundenbindung						
Gesamteindruck						

Stärken: ____

____

Schwächen: ____

____

☞ **Übrigens ...:** Die Aufgabenstellung für die Gruppensituation aus obigem Übungsbeispiel kann alternativ wie folgt durchgeführt werden:

1. Längere Vorbereitungszeit (30–60 Minuten) für die eigene Konzeptentwicklung,
2. zehnminütige Ergebnispräsentation vor den Assessoren oder auch vor den anderen Gruppenmitgliedern und
3. Besprechung mit dem Ziel, ein gemeinsames Konzept zu entwickeln.

5.5 Tipps zur Vorbereitung und Durchführung

Nutzen Sie die folgenden Tipps, um sich auf eine Gruppensituation vorzubereiten.

Checkliste: Bereiten Sie sich mit folgenden Fragen auf eine Gruppensituation im Rahmen eines AC-Verfahrens vor.

- Welche zukünftigen Arbeitsaufgaben und Anforderungen werde ich gemeinschaftlich mit Kollegen/Mitarbeitern lösen müssen?

  ____

  ____

- Welche Inhalte werden zukünftige Konferenzen, Expertenrunden, Arbeitsbesprechungen und Leitungssitzungen prägen?

  ____

  ____

- Welche unternehmensspezifischen Problemsituationen werden unterschiedliche Herangehensweisen oder Konzepte mit sich bringen, die jedoch einvernehmlich gelöst werden müssen?

  ____

  ____

- Welche Sitzungen werde ich zukünftig als Stelleninhaber (z.B. fachlich) moderieren?

  ____

  ____

Tipp 1: Ich kenne das Ziel der Sitzung nicht – was tun?

Erfragen Sie es beim Moderator und bleiben Sie gelassen. Es kann passieren, dass ein Thema genannt wird, das sofort – ohne Vorbereitung – in der Gruppe besprochen werden soll.

Die Unwägbarkeit besteht für Sie darin, dass Sie nicht genau wissen, ob die Assessoren kooperatives oder durchsetzungsorientiertes Verhalten erwarten. Am besten fragen Sie den Moderator, auf was es ankommt. Wenn Sie keine konkrete Antwort erhalten, bleiben Sie auch hier einfach Sie selbst und seien Sie authentisch.

Tipp 2: Muss ich mich sofort zu Beginn der Sitzung positionieren?

Nein. Es ist wie im wirklichen Leben nicht immer einfach, in einer Besprechung mit vielen (unbekannten) Personen zu Wort zu kommen. Sie müssen nicht als Erste/-r agieren. Ein zunächst zurückhaltendes Verhalten ist unschädlich.

> Wichtig ist, dass Sie es schaffen, bei einer Sitzungsdauer von 30 bis 45 Minuten spätestens nach fünf bis zehn Minuten Kontakt zu den anderen aufzunehmen, Ihre Meinung zu äußern oder etwas zu fragen.

Denken Sie daran: Wenn Sie nichts sagen und nur nonverbal präsent sind, ist Ihre Team- und Kooperationsfähigkeit für die Assessoren nicht wahrnehmbar. Sie erhalten dann im schlechtesten Fall in dieser Übung gar keine Punkte und rutschen im Vergleich zu den anderen Bewerbern im Rang ab.

Tipp 3: Muss ich moderieren?

Nein. Sie sollten jedoch zielorientiert agieren. In einer Sitzung, in der Sie gemeinsam mit den anderen Teilnehmern ein Ergebnis erzielen sollen, erwarten die Assessoren nicht, dass alle Bewerber die Sitzung moderieren. Das ist praktisch nicht möglich.
Wenn Sie jedoch die Moderationsrolle übernehmen, sollten Sie auch wirklich moderieren. Holen Sie sich von den anderen Teilnehmenden der Besprechungsrunde die Erlaubnis dazu ein und nutzen Sie die vorhandenen Visualisierungsmöglichkeiten. Denken Sie daran, alle „ins Boot zu holen“,

sprechen Sie Personen, die noch nichts oder wenig gesagt haben, direkt an. Strukturieren Sie, indem Sie Fragen stellen und Kernpunkte herausarbeiten, die Sie dann zusammen mit den anderen in eine Bearbeitungsreihenfolge bringen. Fassen Sie Teilergebnisse zusammen.
Letztlich geht es darum, zumindest einen Teil des klassischen Moderationsschemas abzuarbeiten: Es besteht aus den folgenden Schritten:

1. Begrüßen Sie die Anwesenden und schaffen Sie durch ein paar persönliche Worte eine angenehme Atmosphäre.
2. Steigen Sie ins Thema ein und stellen Sie zentrale Aspekte heraus.
3. Gewichten Sie die Aspekte gemeinsam mit der Gruppe und setzen Sie Prioritäten in der Abarbeitung. Entwickeln Sie zu den Einzelthemen möglichst zielführende Fragestellungen.
4. Bearbeiten Sie die Einzelthemen und entwickeln Sie gemeinsam Ideen und Problemlösungen.
5. Vereinbaren Sie zu jedem Einzelthema Maßnahmen und Aktivitäten.
6. Werfen Sie abschließend noch einmal einen Blick zurück, fassen Sie die erarbeiteten Ergebnisse zusammen und beenden Sie das Meeting mit einem positiven Ausblick.

Die Phasen 4 und 5 dieses Schemas wiederholen sich dabei so lange, bis alle Themen, Probleme oder Fragestellungen bearbeitet sind.

Tipp 4: Wer führt Protokoll?

Keiner. Lassen Sie sich nicht die Rolle des Protokollführers aufdrängen. Sie müssten dann viel mitschreiben und könnten sich dadurch nicht kompetent in die Besprechung einbringen. Ein Protokoll könnte theoretisch nach der Sitzung als Gedächtnisprotokoll angefertigt werden.

Tipp 5: Was mache ich mit Vielrednern, Monologisierern und solchen, die den „roten Faden" verlieren?

Unterbrechen Sie sie wertschätzend, vielleicht verbunden mit einem Feedback, und holen Sie sich aktiv das Rederecht, z.B. so:

- „Herr Maier, entschuldigen Sie bitte, dass ich Sie jetzt unterbreche, jedoch reden Sie bereits seit einigen Minuten und ich möchte, wie die anderen vielleicht auch, gern noch etwas zu Punkt X sagen …"
- „Herr Maier, ich habe Ihnen jetzt zugehört, jedoch noch immer nicht verstanden, worum es Ihnen eigentlich geht. Bitte fassen Sie doch Ihre Bedenken in einem Satz zusammen …"
- Eine weitere Möglichkeit: Fordern Sie Herrn Maier auf, eine Frage zu entwickeln, zu der die Besprechungsteilnehmer eine Lösung finden können.

Tipp 6: Was soll ich tun, wenn ich mich im zu besprechenden Fachthema nicht auskenne?

Seien Sie transparent und sagen Sie den anderen Besprechungsteilnehmern, dass Sie auf diesem Gebiet keine oder unzureichende Fachkenntnisse haben. Sie könnten z.B. die Rolle des Fragenden einnehmen, um mehr zu verstehen und sich dann vielleicht auch inhaltlich stärker einbringen zu können. Sie können sich auch für die Moderationsrolle entscheiden und die Gruppe strukturieren und steuern, ohne sich fachlich bzw. inhaltlich zu positionieren.

6 AC-Übung 4: Fallstudien

6.1 Welche Kompetenzen lassen sich überprüfen?

Mit einer Fallstudie lassen sich diese Kompetenzen prüfen:

- Präsentationsfähigkeit
- Entscheidungsfähigkeit
- Fachkompetenz (zum Beispiel betriebswirtschaftliche Kenntnisse)
- Analytisches Denken
- Problemlösungsfähigkeit
- Visionsfähigkeit
- Zielorientierung
- Unternehmerisches Denken und Handeln

6.2 Wie ist die Übung aufgebaut?

Als Fallstudie bezeichnet man die Beschreibung einer realen Problemsituation, die zunächst zu analysieren ist, um schließlich eine begründete Entscheidung einschließlich eines entsprechenden Aktions- oder Maßnahmenplans zu entwickeln (vgl. Sarges 1990). Von den Bewerbern wird erwartet, dass sie zu anforderungsspezifischen Problemstellungen Lösungen erarbeiten.

Meist werden aus (simulierten) unternehmensspezifischen Unterlagen (z.B. Geschäftsberichten, Bilanzen oder aktuellen Monatsstatistiken) Fälle konstruiert, die die Unternehmenswirklichkeit widerspiegeln.

Dadurch, dass die Bewerber zur Bewertung von vorgegebenen Daten und zum Erkennen von Zusammenhängen aufgefordert werden, können die Assessoren sowohl fachliche als auch außerfachliche Kompetenzen beurteilen.

In Fallstudien, die betriebswirtschaftliche Daten enthalten (z.B. Statistiken), werden Sie möglicherweise Quellen und Hinweise finden, die angeben, dass es irgendwo „brennt“. Häufig geschieht das auch über Computerszenarien. Die Daten zeigen also mehr oder minder eine Fehlentwicklung an, die Sie dringend abwenden müssen. Sie müssen Entwicklungen beobachten, bewerten und Maßnahmen ableiten. Vorrangig wird überprüft, inwieweit der Bewerber

- bestimmte Handlungsroutinen besitzt,
- Probleme erfasst,
- in kritischen Situationen aktiv bleibt und
- lösungsorientiert arbeitet.

Wie branchenspezifisch eine Fallstudie konzipiert ist, hängt vom Einzelfall ab. Häufig bilden auch allgemeine Problemstellungen das Fundament für eine derartige Übung. In diesem Zusammenhang verzichtet man dann in der Regel bewusst auf tätigkeitsspezifische Fragestellungen, um ganz grundsätzlich das Vorhandensein eines nötigen Wissensfundaments und einer Handlungsroutine bewerten zu können.

Die Themenauswahl ist davon abhängig, über welche Fähigkeiten und außerfachlichen Kompetenzen der neue Mitarbeiter bereits zu Beginn seiner Tätigkeit im Unternehmen verfügen muss und welche fachspezifischen Kompetenzen er gegebenenfalls auch später erwerben kann.

Mögliche Themen einer Fallstudie können beispielsweise die folgenden sein:

- Analyse von Verkaufs- und/oder Absatzzahlen
- Umsatzrückgang
- Auswertung von Kunden- oder Mitarbeiterbefragungen
- Kritische Vorfälle im Personalbereich
- Zu hohe Ausgaben im Personalwesen, im Marketing …
- Planung eines Meetings oder Workshops

- *Für Tätigkeiten im Sozialbereich:* Vorstellung des Falls eines auffälligen Jugendlichen, sozialpädagogische Maßnahmen sind abzuleiten (Gesetze berücksichtigen)
- *Für Tätigkeiten im Sekretariat:* Planung einer mehrtägigen Dienstreise oder Planung einer Konferenz
- Technische Zeichnung lesen
- Projektablauf analysieren

Für die Analyse und das Entwickeln von Lösungen haben Sie eine Vorbereitungszeit, die je nach Umfang der Fallstudie von 20 Minuten bis zu eineinhalb Stunden dauern kann. Für Ihre Ergebnispräsentation stehen Ihnen meist bis zu 15 Minuten zur Verfügung.

6.3 Kurzfälle

Möglicherweise werden Ihnen in einem AC-Verfahren statt eines ausführlichen Fallbeispiels oder zusätzlich dazu Kurzfälle (so genannte Vorfälle) vorgelegt. Das ist gewissermaßen die Kurzform einer Fallstudie, in der Sie aufgefordert werden, einen Fall schriftlich zu bearbeiten oder spontan mündlich zu beantworten.

Dafür gibt es folgende Vorgehensvarianten:

- Schriftliche Bearbeitung oder
- Einzelpräsentation des Ergebnisses oder
- Einzelpräsentation und anschließend gemeinsame Lösungsfindung in der Gruppe oder
- Vorstellen eines Kurzfalls nach dem anderen mit der Bitte um Ihre Entscheidungen, wie in dem geschilderten Fall weiter verfahren werden soll.

Kurzfälle ähneln übrigens häufig denen, die in Bewerbungsgesprächen in Form von situativen Fragen eingesetzt werden.

Ehe wir uns den „großen“ Fallstudien zuwenden, finden Sie im Folgenden zwei Beispiele für Kurzfälle, gefolgt von Bewertungsgesichtspunkten und Lösungsmöglichkeiten.

Übungsbeispiele für Kurzfälle

Fall 1

Sie sind der Niederlassungsleiter Nordost der „Reifen Sommer AG“. Die Leiterin der Marketingabteilung, Frau Müller, hat sich krankgemeldet. Heute Abend steht ein wichtiger Präsentationstermin beim Vorstand an, den die Marketingleiterin federführend vorbereitet hat. Frau Müllers Assistentin hat sich einen halben Tag frei genommen und kommt erst um 14:00 Uhr ins Büro.
Was tun Sie?

Fall 2

In einer von drei Arbeitsgruppen gibt es Rückstände in der Sachbearbeitung. Die ersten Kundenbeschwerden sind eingegangen. Wie lösen Sie das Problem?

Folgende Aspekte können die Assessoren anhand von Kurzfällen beobachten und bewerten:

- Analysiert der Bewerber die Ausgangssituation und verschafft er sich einen Überblick?
- Stellt er eine Verknüpfung zu verschiedenen Sachverhalten her?
- Bezieht er relevante, unternehmensbezogene Daten in die Analyse und Lösungsentwicklung ein?

- Bezieht er Fachexperten oder Mitarbeiter in die Lösungssuche ein?
- Formuliert er Ziele?
- Strebt er eine Lösung und Verbesserung der Situation an?
- Entwickelt er Alternativen?
- Ist sein Maßnahmen- und Aktivitätsplan schlüssig und realistisch?
- Übernimmt er Verantwortung?
- Entscheidet er selbst oder schiebt er Entscheidung auf andere ab?
- Trifft er eine eindeutige Entscheidung mit dem Wissen um Unsicherheit und Konsequenzen?

Lösungsmöglichkeiten zu den Kurzfällen

Fall 1

- Sie rufen die Assistentin an und bitten sie, gleich oder früher zu kommen.
- Sie lesen selbst schon mal die vorhandenen Unterlagen.
- Sie bereiten die Präsentation vor, ergänzen sie gegebenenfalls und halten sie selbst.
- Sie nehmen die Assistentin zur Präsentation mit, falls Detail- oder Fachfragen zu beantworten sind.

Fall 2

- Sie sprechen mit dem zuständigen Gruppenleiter.
- Ggf. führen Sie sofort eine Teamsitzung durch, in der Sie gemeinsam die Ursachen analysieren.
- Sie schaffen Entlastung, indem Sie …
  - Aufgaben umschichten,
  - für Personalverstärkung sorgen (Mitarbeiter aus anderer Arbeitsgruppe),
  - Prioritäten in der Bearbeitung setzen (z.B. wichtige Kunden vorziehen),
  - ggf. selbst einspringen und unterstützen.
- Sie kontaktieren Kunden, die sich beschwert haben, und teilen ihnen ein Bearbeitungszeitfenster mit.

6.4 Übungsbeispiel

Übung: Fallstudie

Die „Reifen Sommer AG“ ist Vertriebspartner verschiedener weltweit führender Reifenproduzenten. Die Kunden sind Kfz-Werkstätten, Reifenserviceunternehmen und renommierte Autohäuser in ganz Deutschland. Die Geschäftsführung hat ihren Hauptsitz in München.
Das Unternehmen ist in den letzten 15 Jahren kontinuierlich gewachsen. Die Mitarbeiter/-innen des Unternehmens arbeiten im hohen Maße kundenorientiert. So konnte bundesweit ein Marktanteil von derzeit 30 % erreicht werden.
Als Niederlassungsleiter Nordost der „Reifen Sommer AG“ leiten Sie seit einem Monat die Bezirke Berlin, Brandenburg und Mecklenburg-Vorpommern. Ihr Verantwortungsbereich betrifft die strategische Umsetzung der Zielvorgaben für Ihre Region, Sie tragen Verantwortung für Ihr Budget und sind zuständig für die gesamte Personalarbeit (Personalrekrutierung, -einstellung, -freisetzung und Personalentwicklung) in den drei Bezirken. Sie tragen Personalverantwortung für insgesamt 26 Mitarbeiter/-innen und berichten direkt an die Geschäftsführung. Ihr Vorgänger ist in den Ruhestand gegangen.

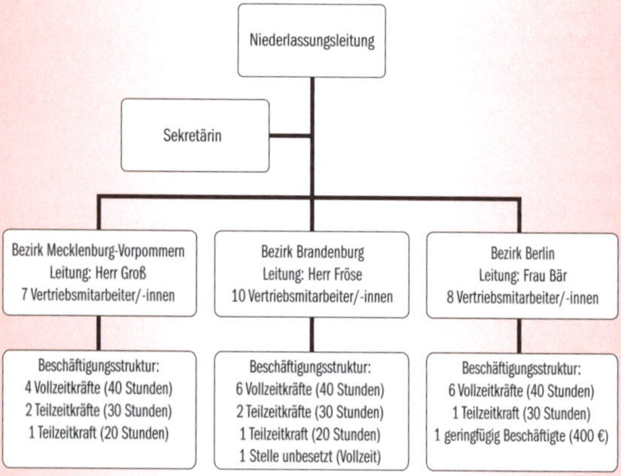

Organigramm der Niederlassung Nordost

In den Bezirken arbeiten fest angestellte Mitarbeiter. Bei den Teilzeitkräften handelt es sich zu 90% um weibliche Mitarbeiterinnen, die Beruf und Familie dadurch gut vereinen können. Bis auf die geringfügig beschäftigte Kraft erhalten die Vertriebsmitarbeiter ein Bruttogrundgehalt (Vollzeit 2.000€ brutto; 30 Stunden 1.500€ und 20 Stunden 1.000€). Darüber hinaus erhält jeder Mitarbeiter eine erfolgsabhängige monatliche Prämie. Berechnungsgrundlage ist der Umsatz pro Mitarbeiter des vergangenen Geschäftsjahres. Die berechnete durchschnittliche Prämie erhalten die Mitarbeiter für die nächsten zwölf Monate des Folgejahres zusätzlich zum Grundgehalt.
Die Vertriebsmitarbeiter sind verantwortlich für die Kundenpflege und Neukundengewinnung. Die damit verbundenen administrativen Aufgaben (Auftragsannahme und -bearbeitung, Sonderbestellungen, Preisrecherchen) nehmen einen Umfang von 20% ein und werden von zu Hause aus erledigt. Für diese Tätigkeiten wird den Mitarbeitern ein Laptop zur Verfügung gestellt. Die Rechnungslegung wird zentral aus München veranlasst.
Viele der männlichen Mitarbeiter sind ausgebildete Kfz-Mechaniker oder -Mechatroniker, die durch unternehmensinterne Weiterbildungen und Schulungen der Reifenhersteller ihr Wissen rund um das Thema Autoreifen erworben haben. Die anderen Vertriebsmitarbeiter sind ausgebildete Einzelhandelskaufleute und werden beim Neueinstieg in das Unternehmen entsprechend qualifiziert und eingearbeitet. In den ersten zwei Monaten werden die Neueinsteiger von erfahrenen Vertriebsmitarbeitern begleitet, damit sie die Arbeit kennen lernen und sich Handlungsroutinen aneignen können.
Im bundesdeutschen Vertriebsraum gibt es neben der Zentrale in München fünf Niederlassungen. Die Art der Anstellung und Vergütung legt jede Niederlassung für sich selbst fest.

Informationen zum Bezirk Brandenburg
Herr Fröse, der Bezirksleiter Brandenburg, führt den erfolgreichsten Bezirk. Er ist seit 15 Jahren bei der „Reifen Sommer AG" beschäftigt. Seine Umsatzzahlen entsprachen immer den Zielvorgaben oder überstiegen diese sogar. So konnten im Geschäftsbericht der letzten beiden Jahre die Defizite des Bezirks Mecklenburg-Vorpommern ausgeglichen werden. Die Prämienauszahlung an die Vertriebsmitarbeiter des Bezirks Brandenburg ist durchschnittlich 20% höher als in den beiden anderen Bezirken. Herr Fröse führt seine Vertriebsmitarbeiter kooperativ, steht bei Problemen als Gesprächspartner zur

Verfügung und ist Vorbild in der Kundengewinnung und Kundenpflege. Seit fünf Monaten ist eine Stelle im Vertriebsbereich von Herrn Fröse unbesetzt. Bei den Bestellungen bilden sich Rückstände in der Auftragsbearbeitung. Beim Bezirksleiter gingen erste Beschwerden wichtiger und umsatzstarker Kunden ein. Die Mitarbeiter arbeiten schon lange an ihrer Belastungsgrenze. Eine der besten Vertriebsmitarbeiterinnen hat sich gestern bei Herrn Fröse krankgemeldet – Burn-out-Syndrom.
Ihr Vorgänger hat mehrere Wochen in Regionalzeitungen des Landes Brandenburg Stellenanzeigen mit diesem Text geschaltet:

> *„Die ‚Reifen Sommer AG' sucht motivierte Vertriebsmitarbeiter zur Festanstellung. Sie pflegen die Kontakte zu renommierten Autohäusern und Kfz-Werkstätten. Es erwarten Sie flexible Arbeitszeiten und ein gutes Betriebsklima. Ihnen wird ein Firmenwagen auch zur privaten Nutzung zur Verfügung gestellt. Interessiert? Dann schicken Sie Ihre Bewerbungsunterlagen, mit Lichtbild, an: …"*

Es sind 20 Bewerbungen eingegangen. Die Qualifikationen reichten von arbeitslosen diplomierten Bewerbern bis hin zu Ungelernten. Acht Bewerbungsgespräche wurden geführt, jeweils im Beisein von Herrn Fröse. Nur ein Kandidat schien geeignet zu sein. Zum Termin der Vertragsunterzeichnung kam er nicht.

Informationen zum Bezirk Mecklenburg-Vorpommern
Herr Groß ist seit acht Jahren Bezirksleiter. Der in den Ruhestand gegangene Niederlassungsleiter – Ihr Vorgänger – ist der Schwiegervater von Herrn Groß. Als ehemals bester Vertriebsmitarbeiter der nördlichsten Region wurde Herr Groß von seinem Schwiegervater befördert und leitet den Bezirk. Den Personalunterlagen können Sie eine erhöhte Mitarbeiterfluktuation entnehmen. Von den sieben Vertriebsmitarbeitern sind zwei Personen seit über acht Jahren im Unternehmen beschäftigt. Seit Übernahme der Bezirksleitung durch Herrn Groß verbleiben die Mitarbeiter im Durchschnitt drei Jahre im Unternehmen und kündigen dann. Im letzten Quartal wurden zwei neue Arbeitsverträge abgeschlossen. Die erforderlichen Umsatzzahlen konnten in den beiden vergangenen Jahren nicht erreicht werden.

Informationen zum Bezirk Berlin
Im Bezirk Berlin werden die Umsatzzahlen erreicht. Die Bezirksleiterin Frau Bär führt ziel- und ergebnisorientiert. Die Vertriebsmitarbeiter sind voll ausgelastet. Zusätzliche Personalkapazitäten werden nicht benötigt.

Informationen zur Konkurrenz
Ihr stärkster Konkurrent in der Region ist die Niederlassung der „Klaxierer GmbH", die einen Marktanteil von 40% in den drei Bezirken hält. Ihre Niederlassung hat in den vergangenen Jahren neue Kunden gewinnen können und die Marktposition ausgebaut. Es fehlen jedoch noch 15%, um mit der Konkurrenz gleichzuziehen. Mittelfristig erwartet die Geschäftsführung, dass Ihre Niederlassung einen Marktanteil von 40% erreicht. Die „Klaxierer GmbH" zahlt ein höheres Grundgehalt und bietet Vollzeitstellen mit einer 37-Stunden-Woche. Personalengpässe scheint der Konkurrent nicht zu haben.

Aktuelle Situation
Es ist Herbst, eine Jahreszeit, in der die Vertriebsmitarbeiter wie immer an ihrer Belastungsgrenze arbeiten. Die Autohäuser, Kfz-Werkstätten und Reifenserviceunternehmen bestellen jetzt die Winterreifen. Mehrarbeit ist in dieser Zeit üblich. Die Überstunden werden um die Weihnachtszeit und im Januar fast vollständig abgebaut. Um die vorgegebenen Umsatzziele bis Jahresende noch zu erreichen, müssen in allen drei Bezirken weiterhin neue Kunden akquiriert werden.

Ihre Aufgabe:
Bitte analysieren Sie den vorliegenden Fall. Bereiten Sie eine Ergebnispräsentation vor, bei der Sie auf folgende Fragen eingehen:
1. Welche Probleme entnehmen Sie der Fallbeschreibung, um die Sie sich als Niederlassungsleiter kümmern müssen? Welche Ziele verfolgen Sie? Begründen Sie bitte Ihre Entscheidung.
2. Entwickeln Sie für die von Ihnen erkannten Probleme einen Maßnahmenplan, aus dem genau hervorgeht, was Sie unternehmen werden, um die Situation zu verändern.

Nutzen Sie zur Bearbeitung das beiliegende Formblatt *(s. S. 80)*.
Für die Fallbearbeitung haben Sie 60 Minuten Vorbereitungszeit. Für Ihre Ergebnispräsentation stehen Ihnen zehn Minuten zur Verfügung.

Wir wünschen Ihnen viel Erfolg!

Formblatt zur Fallstudie:

Problem	Ursachenanalyse	Mein Ziel / meine Ziele	Maßnahmenplan

Lösungsmöglichkeit zur Fallstudie

Bezirk Brandenburg

Problem

- Personalsituation: In diesem Bezirk fehlen zwei Mitarbeiter. Eine Stelle ist unbesetzt, außerdem gibt es eine aktuelle Krankschreibung wegen Burn-out, was zu einem längeren Ausfall der besten Vertriebsmitarbeiterin führen wird
- Befürchtung weiterer Krankschreibungen durch extreme Arbeitsbelastung
- Gefahr von Umsatzeinbußen durch Ausfall der besten Vertriebsmitarbeiterin
- Auftragssituation: Bearbeitungsrückstände mit ersten Kundenbeschwerden, Gefahr weiterer Rückstände

Ursachenanalyse

- Die Personalkapazität reicht nicht
- Die Mitarbeiter sind überlastet
- Die Stellenanzeige ist inhaltlich schlecht gestaltet

Mein Ziel

- Bearbeitungsrückstände spätestens in zwei Wochen aufholen
- Bisherige Kunden weiter halten
- Umsatzerbringung bis Ende des Jahres sichern

Maßnahmenplan

Sofort:

- Gespräch mit den drei Teilzeitkräften aus dem Bezirk Brandenburg vereinbaren und ihnen eine befristete Aufstockung der Stundenzahl anbieten bzw. sie darum bitten; ggf. ebenso mit den Teilzeitkräften der anderen Bezirke verfahren; ggf. Potenzial der Sekretärin für weitere administrative Aufgaben prüfen
- Zeitarbeitsfirma wegen eines kaufmännischen Mitarbeiters kontaktieren
- Stellenanzeige neu formulieren: Anforderungen und Angebot konkretisieren und in regionalen Tageszeitungen im Raum Berlin/Brandenburg/Mecklenburg-Vorpommern sowie auf der eigenen Homepage veröffentlichen, Stellenanzeige für Besucher sichtbar in den eigenen Büroräumen aushängen, Arbeitsagentur/Personalvermittler ansprechen
- Herrn Fröse in Mitarbeiterrekrutierung einbinden, sein Kontaktnetz nutzen
- Klären, ob absehbar ist, wann die erkrankte Vertriebsmitarbeiterin zurückkommt; bei längerem Ausfall eine zeitlich befristete

Stelle (ggf. mit späterer Übernahme) bei Personalsuche berücksichtigen
- Herr Fröse / Niederlassungsleiter: Kunden, die sich beschwert haben, kontaktieren, sich entschuldigen, sie halten, ihnen einen Bonus oder Rabatt anbieten
- In der Kundenakquise Prioritätensetzung vornehmen, damit das Jahresziel in allen drei Bezirken erreicht werden kann

Je nach Ergebnis dann:
- Ehemaligem Niederlassungsleiter ein Honorar anbieten, um befristet zu unterstützen, und als Leiter selbst aktiv in die Auftragsakquise und -bearbeitung „einspringen"

Bezirk Mecklenburg-Vorpommern

Problem
- Die erforderlichen Umsatzzahlen wurden in den letzten beiden Jahren nicht erreicht
- Mitarbeiterfluktuation

Ursachenanalyse
- Durch den häufigen Mitarbeiterwechsel ist eine langfristige Kundenbindung erschwert
- Das Unternehmen hat in diesem Bezirk womöglich einen schlechten Ruf, weshalb es den Kunden an Vertrauen mangelt
- Führungsproblem: Der vorherige Niederlassungsleiter pflegte einen eher lockeren Führungsstil, was unter Umständen auf die familiäre Bindung zurückzuführen ist; eventuell ist Herr Groß als Bezirksleiter eine Fehlbesetzung

Mein Ziel
- Umsatzziele erreichen
- Mitarbeiterbindung erhöhen
- Führungs- und Managementqualitäten prüfen

Maßnahmenplan
In der nächsten Woche:
- Gespräch mit Herrn Groß (Vorbereitung einer aktuellen Statistik zur Umsatz- und Personalsituation, möglichst für die zurückliegenden acht Jahre; wenn vorhanden, die Daten vor Übernahme des Bezirks durch Herrn Groß prüfen; Vergleichsstatistik zum Umsatz und zur Personalsituation in den beiden anderen Bezirken; Kennzahlen zu den Kundensegmenten in Meck-

lenburg-Vorpommern im Vergleich zu Berlin und Brandenburg; Qualifikation und Ausbildungsstand der derzeitigen Mitarbeiter prüfen)
- Zielvorgaben zu Umsatz bis Ende des Quartals treffen
- Niederlassungsleiter erhält wöchentlichen Bericht zum Umsatz und zur Neukundengewinnung von Herrn Groß
- Weiterhin Bericht zur Einarbeitung der beiden neuen Mitarbeiter

Nach vier Wochen:
- Teilnahme an einer Dienstbesprechung mit allen Vertriebsmitarbeitern des Bezirks zur Abstimmung des weiteren Vorgehens in diesem und im nächsten Jahr; eruieren, was gut läuft und welche Änderungen erfolgen müssen

Ggf. später:
- Kundenzufriedenheitsanalyse durch Befragung aktueller und ehemaliger Kunden vornehmen (Kunden entweder durch den Niederlassungsleiter selbst oder bei vorhandenem Potenzial durch seine Sekretärin kontaktieren; wenn das Budget ausreicht, Kundenbefragung outsourcen)
- Daraus weitere Maßnahmen ableiten

Bis Ende des ersten Quartals des Folgejahres:
- Stellenbesetzung entscheiden: Führungskompetenzen/-stil von Herrn Groß beobachten, Feedback geben, Vereinbarungen treffen (Training, Coaching), ggf. Bezirksleitung anders besetzen

Konkurrenz

Problem
- Die Position gegenüber der Konkurrenz soll ausgebaut werden; momentan fehlen noch 15% des Marktanteils, um mit der „Klaxierer GmbH" gleichzuziehen

Ursachenanalyse
- Die Beschäftigten der „Klaxierer GmbH" erhalten ein höheres Grundgehalt als die eigenen Mitarbeiter, haben aber eine geringere Wochenarbeitszeit
- Das Konkurrenzunternehmen hat bessere oder andere Strategien der Kundengewinnung und -pflege
- Viele unbekannte Faktoren

Mein Ziel

- Mittelfristige Steigerung des Marktanteils auf 40%
- Identifikation der Mitarbeiter mit den Unternehmenszielen stärken
- Senkung der administrativen Arbeitstätigkeiten der Vertriebsmitarbeiter, damit sie sich auf das Kerngeschäft konzentrieren können

Maßnahmenplan

Unternehmensintern – zunächst bis Jahresende

- Prüfung der internen Strukturen und Abläufe, Gemeinsamkeiten und Unterschiede herausfinden; aktuelles Kundensegment und Kundenbedarfe analysieren; notwendige Personalentwicklungsmaßnahmen in Bezug auf die mittelfristige Zielsetzung festlegen; Personalbedarfsplanung für die nächsten drei Jahre
- Prüfen, inwieweit administrative Aufgaben der Vertriebsmitarbeiter gesenkt werden können (Geschäftsführung und andere Niederlassungsleiter kontaktieren und nach deren Erfahrungen und Möglichkeiten fragen), Personalkosten für kaufmännische Mitarbeiter zur Auftragsbearbeitung für die drei Bezirke und notwendige IT-Investitionen prüfen
- Besprechung mit den Bezirksleitungen, Motto: „Voneinander lernen“: Herr Fröse bereitet Präsentation über seine erfolgreichen Strategien zur Kundengewinnung und -pflege vor; Austausch dazu; Verabschiedung von Maßahmen zum einheitlichen Vorgehen mit Termin zur Überprüfung der Veränderungen in Berlin und Mecklenburg-Vorpommern
- Zwei-Tages-Workshop mit allen Niederlassungsmitarbeitern zur strategischen Ausrichtung, zur Zielableitung und zum Finden von Veränderungs- und Verbesserungsvorschlägen in Bezug auf interne Prozesse sowie Kundengewinnung und -pflege; Termin dafür: Frühjahr des Folgejahres (Sekretärin kümmert sich um Organisation)
- Frühzeitige Planung eventuell entstehender Personalbedarfe (z.B. durch Schaffung von Ausbildungsplätzen, Praktika, mehr geringfügig Beschäftigte für spätere Teil- oder Vollzeitbeschäftigung)
- Analyse des Hauptkonkurrenten der „Klaxierer GmbH“ vornehmen, Benchmark machen, erfolgreiche Strategien auf Übertragung prüfen, Motto: „Von der Konkurrenz lernen“

6.5 Welche Kompetenzen beobachten und bewerten die Assessoren?

Beobachtungsbogen – Fallstudie						
	Beurteilung					
	1	2	3	4	5	6
Präsentationsfähigkeit						
◆ Hält Blickkontakt						
◆ Ist körperlich zugewandt						
◆ Setzt Gestik zur Unterstützung des Gesagten ein						
◆ Hat „roten Faden", fasst zusammen						
Unternehmerisches Denken und Handeln						
◆ Analysiert Ausgangssituation, verschafft sich Überblick						
◆ Erkennt Parallelen bei den Sachverhalten, stellt Verknüpfungen her						
◆ Bezieht relevante unternehmensbezogene Daten ein						
◆ Entwickelt Lösungen und Alternativen						
◆ Wird aktiv und übernimmt Verantwortung						
Zielorientierung						
◆ Leitet aus Problemen konkrete und richtige Ziele ab						
◆ Beachtet bei der Zielformulierung die SMART-Regel (**s**pezifische, **m**essbare, **a**ttraktive, **r**ealistische und **t**erminierte Ziele)						
◆ Agiert vorausschauend						

◆ Stellt Zielverknüpfungen her						
◆ Erkennt und setzt Prioritäten, strebt dabei Verbesserung an						
◆ Leitet aus Zielen schlüssigen Maßnahmenplan ab						
◆ Plant realistische Umsetzungszeiten						
◆ Behält den Überblick						
Entscheidungsfähigkeit						
◆ Bezieht Experten des Unternehmens ein						
◆ Sucht und nutzt zur Entscheidungsfindung alle wichtigen Informationen						
◆ Entscheidet zeitnah						
◆ Entscheidet selbst, schiebt Entscheidungen nicht auf oder an andere ab						
◆ Entscheidet mit dem Wissen um Unsicherheit						
Gesamteindruck						
Stärken: ________________________________						
Schwächen: ________________________________						

6.6 Tipps zur Bearbeitung und Präsentation

Komplexe Fallstudien verlangen von Ihnen ein hohes Maß an Konzentrationsfähigkeit. Sie müssen in der Lage sein, eine relativ große Informationsmenge in kurzer Zeit aufzunehmen und zu analysieren. Dabei müssen Sie Probleme identifizieren, die eindeutig Ihre Handlungsaktivität erfordern. Zudem gilt es, die Verknüpfungen zwischen den Sachverhalten herauszuarbeiten, um schließlich einen Maßnahmenplan zu entwickeln.

Checkliste: Bereiten Sie sich mit folgenden Fragen auf eine Fallstudie im Rahmen eines AC-Verfahrens vor.

- Welche schwierigen Situationen können aus dem zukünftigen Verantwortungsbereich für mich erwachsen?

  ____

  ____

- Was sind ganz klassische Probleme in der von mir angestrebten Position – unabhängig vom auswählenden Unternehmen?

  ____

  ____

- Welche unternehmensspezifischen Problemsituationen werden unterschiedliche Herangehensweisen erfordern und welche werden das sein?

  ____

  ____

- Was sind für die Zielposition klassische unternehmerische, fachbezogene, projektbezogene Probleme, in denen ich Daten und Informationen analysieren, Ziele finden und Maßnahmen ableiten werde?

  ____

  ____

Folgende Tipps sollten Sie beachten:

- Tipp 1: Lesen Sie sich die Schilderung der Ausgangssituation in Ruhe durch, am besten zweimal.
- Tipp 2: Markieren Sie erst beim zweiten Durchlesen die relevanten Informationen (etwa durch Unterstreichen oder mit einem Textmarker) und/oder notieren Sie sich

Stichworte, die Ihnen wichtig erscheinen, auf einem separaten Blatt Papier.

- Tipp 3: Suchen Sie Verbindungen zwischen den Sachverhalten, indem Sie sich fragen:
  - Was hat X mit Y zu tun?
  - Welche Folgen können kurz-, mittel- oder langfristig eintreten, wenn ich im Fall von X nichts unternehme?
  - Welche Informationen benötige ich darüber hinaus, um eine kompetente Lösung zu finden?
- Tipp 4: Berücksichtigen Sie bei Ihrer Lösungssuche alle relevanten Informationen!
- Tipp 5: Setzen Sie Prioritäten und legen Sie kurz-, mittel- und langfristige Ziele und Maßnahmen fest.
- Tipp 6: Schauen Sie auf die zur Verfügung stehende Zeit und teilen Sie sich die Bearbeitung des komplexen Falls bzw. der verschiedenen Einzelfälle ein.

  Beginnen Sie immer mit der Maßnahmenplanung des wichtigsten und dringendsten Problems.

  Falls Ihnen am Ende die Zeit ausgeht, haben Sie sich so wenigstens auf das Bedeutsame konzentriert.
- Tipp 7: Entscheidungen zu treffen bedeutet fast immer, dass Sie nicht alle Informationen zur Verfügung haben, ob im Assessment-Center oder im Unternehmensalltag. Treffen Sie Entscheidungen mit dem Wissen, dass es selten eine zu hundert Prozent richtige Entscheidung gibt – gerade in Führungspositionen!
- Tipp 8: Begründen Sie in Ihrer Präsentation, wie Sie zu einzelnen Entscheidungen gekommen sind!
- Tipp 9: Wenn Sie Ihre Ergebnisse schriftlich abgeben und Ihnen kein PC zur Verfügung steht, bemühen Sie sich um eine saubere Handschrift.

7 AC-Übung 5: Der Postkorb

7.1 Welche Kompetenzen lassen sich überprüfen?

Mit einer Postkorb-Übung lassen sich folgende Kompetenzen überprüfen:

- Unternehmerisches Denken und Handeln
- Organisationsfähigkeit
- Delegationsfähigkeit
- Entscheidungsfähigkeit
- Schriftlicher Ausdruck
- Denken in Zusammenhängen
- Zeitmanagement
- Selbstmanagement

7.2 Wie ist die Übung aufgebaut?

Die Postkorb-Übung spiegelt einen Teil der Unternehmenswirklichkeit wider, wobei kritische Ereignisse aus der Anforderungsanalyse integriert werden.

Die Kandidaten erhalten Schriftstücke (Anfragen, Termine, E-Mails etc.) mit unterschiedlicher Dringlichkeit und/oder Wichtigkeit, die untereinander vernetzt sein können. Die Aufgabe besteht darin, diese Schriftstücke innerhalb eines meist knapp bemessenen Zeitraums zu bearbeiten.
Es ist zu entscheiden, was mit den einzelnen Vorgängen geschehen soll:

- Welche Schriftstücke sind am wichtigsten und dringlichsten?
- Was gehört in meinen Verantwortungsbereich, was muss ich selbst (sofort oder später) tun?

- Welche Aufgaben kann ich an wen delegieren? Wann werde ich kontrollieren, ob die Aufgaben erfüllt wurden?
- Welche Schriftstücke sind weder dringlich noch wichtig, sodass ich sie zunächst liegen lassen kann?

Die Bewerber entscheiden, welcher Mitarbeiter geeignet ist, um bestimmte Vorgänge innerhalb einer bestimmten Zeit zu erledigen. Dabei muss gleichzeitig ein Kontrollsystem entwickelt werden, um die Aufgabenerfüllung überprüfen zu können. Die Kandidaten legen fest, welche Termine sie aus dem Kalender streichen, verlegen, delegieren oder neu hinzufügen.

Die Postkorb-Übung hat eine einleitende Rahmenhandlung. Aus dieser geht hervor,

- welche Position, Aufgabenschwerpunkte und Verantwortungsbereiche der Bewerber in dieser Simulation hat und
- wer die unmittelbaren Mitarbeiter bzw. Vorgesetzten sind und welche Verantwortungsbereiche diese inne haben (ggf. mit Organigramm).

Dazu kommen oft noch eine genaue Schilderung der aktuellen Situation (Vorhaben, Projekte ...) und ein eigener Terminkalender, in dem schon eine Reihe von Terminen und Verabredungen fest eingetragen ist.

Bewerben Sie sich um eine sachbearbeitende Position oder um eine Tätigkeit als Assistent, sollten Sie sich darauf einstellen, dass man von Ihnen im Rahmen der Postkorb-Übung die schriftliche Bearbeitung von einzelnen Schreiben erwartet. Damit prüft das Assessorenteam neben Ihrem organisatorischen Geschick, ob Sie in der Lage sind, sich schriftlich präzise auszudrücken und eine adressatengerechte Formulierung zu finden.

In der Regel können die Bewerber den Postkorb ungestört bearbeiten. Je nach zukünftigen Arbeitsbedingungen und Anforderungen der vakanten Position kann es aber während der Postkorb-Bearbeitung auch zu einer Unterbrechung kommen. Dann erhalten die Kandidaten zusätzliche Post oder müssen sich mündlich der Anfrage eines Mitarbeiters stellen. Beobachtet wird dabei, wie stabil die Kandidaten mit der zusätzlichen Anforderung umgehen: Bleiben sie handlungs- und lösungsorientiert oder verlieren sie den Überblick?

Ein Postkorb enthält im Durchschnitt bis zu 20 Schriftstücke, im Einzelfall erhöht oder reduziert sich die Zahl. Je nach Komplexität der zu bewältigenden Schriftstücke haben Sie bis zu 60 Minuten Zeit, um die Aufgabe zu lösen. Rechnen Sie damit, dass Sie mit dieser Zeit unter Umständen nicht hinkommen werden – Postkörbe können nämlich so konzipiert sein, dass die zur Verfügung stehende Vorbereitungszeit per se nicht ausreicht, um eine vollständige Bearbeitung aller Vorgänge zu realisieren.

> Beobachtet wird, inwieweit die Bewerber in der Lage sind, sich in kurzer Zeit auf die wesentlichen Vorgänge zu konzentrieren und trotz Zeitdruck zu kompetenten Entscheidungen zu kommen.

Die Ergebnisse des Postkorbs werden in der Regel mündlich präsentiert, wobei die Bewerber ihre einzelnen Entscheidungen begründen müssen. Manchmal werden die Ergebnisse nur schriftlich abgegeben.

Das Assessorenteam hat eine Musterlösung des Postkorbs als Vergleichsgrundlage für die Bewertung. Wie im wirklichen Leben gibt es aber meist nicht nur „die eine" Musterlösung, sind unterschiedliche Bearbeitungs- und Entscheidungsprozesse möglich. Wichtige und dringliche Aufgaben sind jedoch eindeutig definiert.

7.3 Übungsbeispiel

Übung: Postkorb

Sie sind Herr/Frau Roll, der/die Niederlassungsleiter/-in Nordost der „Reifen Sommer AG". Die Geschäftsführung hat ihre Zentrale in München; bundesweit gibt es insgesamt noch weitere fünf Niederlassungen.
Sie leiten die Bezirke Berlin, Brandenburg und Mecklenburg-Vorpommern. Ihr Verantwortungsbereich betrifft die strategische Umsetzung der Zielvorgaben für Ihre Region, Sie tragen Verantwortung für Ihr Budget und sind zuständig für die gesamte Personalarbeit in den drei Bezirken (Personalrekrutierung, -einstellung, -freisetzung und -entwicklung). Sie tragen Personalverantwortung für insgesamt 26 Mitarbeiter/-innen und berichten direkt an die Geschäftsführung. Ihr Vorgänger ist in den Ruhestand gegangen.
Die „Reifen Sommer AG" ist Vertriebspartner verschiedener weltweit führender Reifenproduzenten. Die Kunden sind Kfz-Werkstätten, Reifenserviceunternehmen und renommierte Autohäuser in ganz Deutschland.
Das Unternehmen ist in den letzten 15 Jahren kontinuierlich gewachsen. Die Mitarbeiter/-innen arbeiten in hohem Maße kundenorientiert. So konnte bundesweit ein Marktanteil von derzeit 30 % erreicht werden.

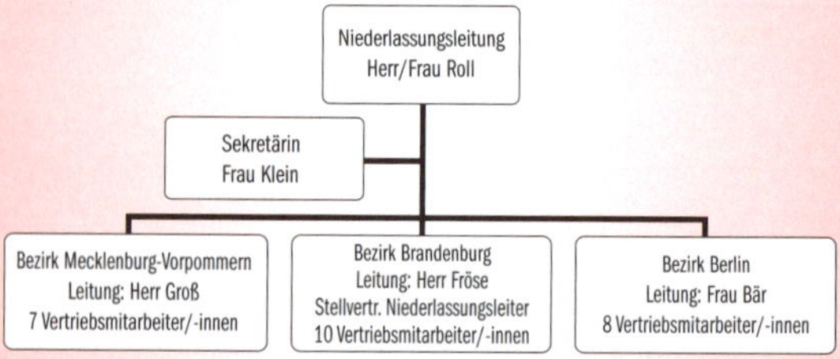

Organigramm der Niederlassung Nordost

Heute ist Montag, der 14. Oktober, 8:00 Uhr. Sie sind gerade im Büro eingetroffen. Vom Freitag vergangener Woche bis gestern (Sonntag) haben Sie eine Fortbildung besucht. In einer Stunde müssen Sie zu einem wichtigen Kundentermin bei der Reifenservicekette „Die Profi GmbH“ aufbrechen. Gemeinsam mit Herrn Fröse, der den erfolgreichsten Bezirk der Niederlassung Nordost der „Reifen Sommer AG“ leitet, haben Sie einen Termin bei dem geschäftsführenden Gesellschafter der Reifenservicekette, Herrn Dr. Mayer. Es geht um einen Exklusivvertrag, den „Die Profi GmbH“ möglicherweise mit Ihrer Niederlassung zur Belieferung ihrer 15 Servicewerkstätten mit der Reifenmarke „Gummigut“ des führenden Reifenherstellers „MacGum“ abschließen möchte.

Gegen 13:00 Uhr werden Sie wieder im Büro sein.

In dieser Woche stehen die jährlichen Personalbeurteilungsgespräche mit Ihrer Sekretärin und den drei Bezirksleitungen an. Die Bezirksleitungen haben die Gespräche mit ihren Vertriebsmitarbeitern/-mitarbeiterinnen bereits geführt. Die drei Ergebnisdokumentationen erhalten Sie spätestens am 15.10., damit Sie den Gesamtbericht für die Geschäftsführung anfertigen können. Der Bericht über die Ergebnisse der jährlichen Beurteilungen muss spätestens an diesem Freitag um 10:00 Uhr der Geschäftsführung per E-Mail zugesendet werden. Aufgrund der Fülle der Aufgaben sind Sie noch nicht dazu gekommen, die vier Gespräche vorzubereiten.

In der nächsten Woche betreuen Sie den Stand der „Reifen Sommer AG“ auf der internationalen Messe der weltweit führenden Reifenhersteller. Aus München erhalten Sie dazu administrative Unterstützung durch die Marketingabteilung.

Sie haben jetzt 45 Minuten Zeit, um die eingegangene Post zu bearbeiten. Entscheiden Sie, was mit den einzelnen Schriftstücken passieren soll. Vielleicht möchten Sie an der einen oder anderen Stelle auch gar nichts unternehmen. In Ihrem Terminkalender können Sie Termine streichen und/oder neu hinzufügen.

Für Ihre Präsentation der Ergebnisse haben Sie nachher zehn Minuten Zeit. Begründen Sie dabei bitte die Entscheidungen, die Sie getroffen haben.

Viel Erfolg!

Im Folgenden finden Sie die zum Übungsbeispiel gehörigen Schriftstücke (Lösung siehe S. 102 ff.).

Terminkalender Herr Roll (Außentermine sind grau unterlegt)

	Mo. 14.10.	Di. 15.10.	Mi. 16.10.	Do. 17.10.	Fr. 18.10.	Sa. 19.10.
8:00						
9:00	9:30–12:30 „Die Profi GmbH“ Dr. Mayer, geschäftsführender Gesellschafter, zusammen mit Herrn Fröse		Personalgespräch Frau Bär	Personalgespräch Herr Fröse	Teamsitzung mit den Bezirksleitungen	
10:00						
11:00						
12:00						
13:00	Gesprächsnachbereitung mit Herrn Fröse					
14:00						
15:00		Steuerbüro wg. Einkommensteuer				
16:00	Personalgespräch Frau Klein		Personalgespräch Herr Groß	Autoverbund Transport Nord e.V.		
17:00						
18:00						
19:00				Blumen abholen		
20:00				Geburtstag von Ela		

	Mo. 21.10.	Di. 22.10.	Mi. 23.10.	Do. 24.10.	Fr. 25.10.	Sa. 26.10.
8:00					Stuttgart Messe Reifenherstel-ler	
9:00		Hotel „Zum Seeblick“ Seminar „Schwierige Kundengespräche führen“ mit allen Mitarbeitern der „Reifen Sommer AG“	Herrn Möbius vom Flughafen abholen; Besuch in Berlin bei Frau Bär			
10:00						
11:00						
12:00			Mittagessen mit Herrn Fröse und Herrn Möbius im Hotel Adler			
13:00						
14:00				München: Sitzung mit Geschäftsführung der „Reifen Sommer AG“ und den anderen Niederlassungslei-tungen; Thema: „Kunden gewinnen und pflegen; einheitliche Prozesse entwickeln“		
15:00					Termin mit Frau Gep-pert am Messestand von MacGum	
16:00						
17:00						
18:00			Abendessen mit Herrn Möbius und Herrn Groß in Rostock			
19:00						
20:00			21:00 Flug zurück von Rostock			

Nachrichten auf dem Anrufbeantworter vom Freitagnachmittag der Vorwoche

1a
15.35 Uhr
Hallo, Herr Roll, Frau Bär hier. Können wir das Personalgespräch am 16.10. von 9:00 auf 13:00 Uhr verschieben? Ich habe kurzfristig einen wichtigen Kundentermin erhalten. Schicken Sie mir bitte eine kurze Mail, damit ich mich orientieren kann? Danke!

1b
16.00 Uhr
Hallo, Herr Roll, hier spricht Herr Groß. Ich habe völlig vergessen, Sie zu fragen, ob ich am 18.10. einen Tag Urlaub haben kann. Meine Frau hat Geburtstag und ich habe eine Kurzreise gebucht. Können Sie mir bitte über Frau Klein Bescheid geben? Danke!

1c
16.45 Uhr
Guten Tag, Herr Roll, Herr Müller hier aus der Münchener Zentrale der „Reifen Sommer AG". Im Auftrag der Geschäftsführung möchte ich Sie bitten, für unsere Sitzung am 24.10. einen zehnminütigen Vortrag vorzubereiten, und zwar zum Thema „Wie gewinnen wir in der Niederlassung Nordost unsere Neukunden?". An dem Tag wird unser externer Qualitätsmanagementberater anwesend sein, der den Zertifizierungsprozess für unser Unternehmen die nächsten zwei Jahre begleiten wird. Vielen Dank und ich hoffe, Ihre Fortbildung war gut. Guten Wochenstart und viele Grüße!

2
AN: info.roll@reifensommerag.de
CC: geschaeftsfuehrung@reifensommerag.de
Betrifft: Umsatzzahlen September
Gesendet: 11. Oktober, 14.10 Uhr

Sehr geehrter Herr Roll,
die Detailauswertung Ihrer Umsatzzahlen von September zeigt, dass der Bezirk Mecklenburg-Vorpommern zum dritten Mal in diesem Jahr seine Umsatzzahlen verfehlt hat.

Mit freundlichen Grüßen
Herr Zahl
Leiter Zentrales Controlling
controlling@reifensommerag.de

3

AN: info.roll@reifensommerag.de
Betrifft: Interviewanfrage
Gesendet: 11. Oktober, 16.30 Uhr

Sehr geehrter Herr Roll,
unsere Tageszeitung plant ab dem nächsten Monat in der Rubrik „Wirtschaft“ aktuelle Berichte über mittelständische Unternehmen im Raum Brandenburg. Wir möchten Sie gerne interviewen und über Ihr Unternehmen berichten. Kann ich am 18. Oktober um 9.30 Uhr zu Ihnen kommen?

Herzliche Grüße
Sabine Thyen
Wirtschaftsjournalistin
„Brandenburger Umschau“
Siebstätter Straße 3
17000 Siebenstätt
thyen@umschau.de
03356/1000 000

4

AN: info.roll@reifensommerag.de
Betrifft: Gesprächstermin
Gesendet: 11. Oktober 9.00 Uhr

Sehr geehrter Herr Roll,
ich betreibe 25 offene Kfz-Reparaturwerkstätten. Im kommenden Jahr werde ich mein Geschäft erweitern und zwei Niederlassungen in Brandenburg und eine in Mecklenburg-Vorpommern eröffnen. Ich bin auf der Suche nach zuverlässigen Kooperationspartnern und möchte über eine Zusammenarbeit ins Gespräch kommen. Übrigens hat ein Freund, Herr Klingbeil, mir Ihr Unternehmen empfohlen.
Am 24. Oktober bin ich für einen Tag in Berlin. Was halten Sie von einem gemeinsamen Mittagessen im Restaurant „Idyll“, ganz bei Ihnen in der Nähe?

Klaus Kapersdorf
Geschäftsführer
K&K GmbH
Bachstraße 43 a
70500 Stuttgart
info@k&k.de

5

Messe Stuttgart
Am Ring 5
70100 Stuttgart

Tel. 01 75/100 100 100
www.messe-stuttgart.de
messe@stuttgart.de

Reifen Sommer AG
Niederlassung Nordost
Am Graben 5
10100 Berlin

11. Oktober

Sehr geehrter Herr Roll,

in Vorbereitung der Messe nehmen wir heute Kontakt zu Ihnen auf, um Ihren Messestand entsprechend Ihren Vorstellungen einzurichten bzw. Sie vorbereitend zu unterstützen. Auf der 6 qm großen Ausstellungsfläche haben wir bisher drei Stelltafeln für Sie vorgesehen. Was benötigen Sie darüber hinaus? Bitte geben Sie uns bis spätestens zum 16. Oktober eine Rückmeldung, damit wir alles passgenau vorbereiten können.

Mit freundlichen Grüßen
Manfred Engagement
Messebetreuer

6

AN: info.roll@reifensommerag.de
CC:
Betreff: Abgabe Bericht
gesendet: 10. Oktober, 10:00 Uhr

Lieber Herr Roll,
aufgrund der vielen Kundenanfragen werde ich es nicht schaffen, Ihnen den Zwischenbericht zu den bereits geführten Personalbeurteilungsgesprächen in meinem Bezirk bis zum 15.10. zu schicken. Reicht es, wenn ich Ihnen die Ergebnisse bis Donnerstag maile?

Beste Grüße
Bär

7

AN: info.roll@reifensommerag.de
CC:
Betrifft: Geburtstag
Gesendet: 13. Oktober 22:00 Uhr

Hallo,

habe dich zu Hause nicht mehr erwischt. Wir verschieben die Geburtstagsfeier von Ela auf den 18.10. Hoffe, es geht alles klar.

Beste Grüße
Ralf

8

Autohäuser „Binger & Kuhn"
Am Berl 21
18001 Rostock
www.bingerundkuhn.de
0381/123 456 7
beate.bingerundkuhn@info.de

Reifensommer AG
Niederlassung Nordost
Am Graben 5
10100 Berlin

10. Oktober

Sehr geehrter Herr Roll,

ich möchte hiermit ankündigen, dass der am 31.12. auslaufende Vertrag mit der Reifen Sommer AG Nordost über die exklusive Reifenbelieferung der Autohäuser von „Binger & Kuhn" unsererseits nicht verlängert wird. In den letzten Monaten haben wir immer wieder erleben müssen, dass kurzfristige Anfragen zu Sonderreifengrößen für unsere Kunden von Ihrer Seite nicht bedient wurden. Herr Groß gab uns mehrmals zu verstehen, dass das nicht Vertragsgegenstand sei. Unter Kundenorientierung verstehen wir als renommiertes Autohaus etwas anderes. Wahrscheinlich können Sie sich als bundesweit agierendes Unternehmen diese Art von „Kooperation" leisten. Wir nicht!

Beate Binger
Geschäftsführung

9

AN: : info.roll@reifensommerag.de
CC: müller; schutz; gruen; feld; jumberling
Betrifft: Information
Gesendet: 11. Oktober 18:31 Uhr
VON: geschaeftsfuehrung@reifensommerag.de

Sehr geehrte Niederlassungsleiter und Niederlassungsleiterinnen,

soeben erhielten wir von „MacGum“ die Nachricht, dass das Werk in Frankreich abgebrannt ist. Welche genauen Auswirkungen das hat, wissen wir noch nicht. Fakt scheint zu sein, dass es zu Lieferverzögerungen kommen wird, die unserer Einschätzung nach mehrere Monate anhalten werden. Die Produktion im ungarischen Werk läuft erst im Dezember an. Wir empfehlen vorübergehend die Marken A und B des Hauptkonkurrenten.

Das weitere Vorgehen sprechen wir in der nächsten Woche im Detail ab.

Hinweis:
Wir treffen uns aus diesem Grund am 24.10. bereits um 9:00 Uhr in München. Ihre Flüge sind bereits umgebucht.

Mit freundlichen Grüßen
Geschäftsführung
Reifen Sommer AG

10

AN: info.roll@reifensommerag.de
CC:
Betrifft: Bewerbung um einen Praktikumsplatz
Anlagen: tabellarischer Lebenslauf und Zeugnisse
Gesendet: 10. Oktober 14:32 Uhr

Sehr geehrter Herr Roll,

nachdem ich meine Ausbildung als Kaufmann im Groß- und Einzelhandel abgeschlossen habe, möchte ich gerne als Quereinsteiger im Vertriebsbereich arbeiten. Ihr Unternehmen spricht mich an und ich kann mich sehr gut mit Ihren Produkten identifizieren. In einem Praktikum möchte ich für mich testen, ob der Beruf des Vertriebsmitarbeiters für mich geeignet ist.

Gerne würde ich mich Ihnen näher vorstellen.

Mit freundlichen Grüßen
René Viertel

11

Autoverbund Transport Nord e.V.
Vorstand
Uferstraße 22
17555 Wütterich

www.atnev.de
info@atnev.de

Reifensommer AG
Niederlassung Nordost
Am Graben 5
10100 Berlin

11. Oktober

Sehr geehrter Herr Roll,

nochmals vielen Dank für Ihre Zusage, am 17.10. auf unserem jährlichen Vereinstreffen der Verbandsvertreter der nördlichen Region Ihr Unternehmen präsentieren zu wollen. Leider verschiebt sich unser Tagesablauf, sodass wir Sie statt um 16:00 Uhr bereits um 11:00 Uhr begrüßen möchten. Nach Ihrem Vortrag laden wir Sie noch recht herzlich zum gemeinsamen Mittagessen mit den Verbandsvertretern ein. Der Tag wird mit einer gemeinsamen Schifffahrt auf dem Stichersee gegen 21:00 Uhr enden.

Mit freundlichen Grüßen
Matthias Dahler
Geschäftsführender Vorstand

12

AN: info.roll@reifensommerag.de
CC:
Betrifft: kurzfristige Terminänderung
Gesendet: 11. Oktober 15:37 Uhr
VON: geschaeftsfuehrung@reifensommerag.de

Sehr geehrter Herr Roll,

Herr Möbius, unser neuer Niederlassungsleiter für das Saarland, hat endlich seine Arbeit bei uns aufgenommen. Wie vereinbart wird er alle Niederlassungen in den nächsten 14 Tagen besuchen, um die Arbeit besser kennen zu lernen. Gestern hat Ihre bayrische Kollegin um eine Terminverschiebung gebeten, sodass ich Sie jetzt bitte, Herrn Möbius am 16. Oktober um 9:00 Uhr vom Flughafen abzuholen und mit ihm den Tag in Ihrer Niederlassung zu gestalten. Die Flüge sind gebucht.

Es tut mir leid, es ist ein wenig kurzfristig, jedoch anders nicht zu regeln.

Übrigens müssen wir dringend mit Ihnen wegen Ihrer schwachen Umsätze in Mecklenburg-Vorpommern ins Gespräch kommen.

Mit freundlichen Grüßen
Geschäftsführung
Reifen Sommer AG

Wie der Postkorb gelöst werden kann

Schriftstück Nr. 1a
Anlass: Personalbeurteilungsgespräch verschieben
Was erkennen und was tun?
- In Verbindung setzen mit Schriftstücken Nr. 6 und 12
- Über Frau Klein: neuen Termin vereinbaren, beispielsweise für den 15.10.

Schriftstück Nr. 1b
Anlass: Urlaubstag für Herrn Groß
Was erkennen und was tun?
- In Verbindung setzen mit den Schriftstücken Nr. 2, 8 und 12
- Urlaub nicht gewähren

Schriftstück Nr. 1c
Anlass: Vortrag „Neukundengewinnung"
Was erkennen und was tun?
- Sich von den Bezirksleitungen zuarbeiten lassen
- Herr Fröse koordiniert, mit ihm heute gleich nach der Gesprächsnachbereitung besprechen
- Termin bis 21.10., entsprechende Vorbereitungszeit in eigener Zeitplanung am 21. oder 23.10. berücksichtigen
- Abschlussbesprechung mit Herrn Fröse einplanen

Schriftstück Nr. 2
Anlass: Umsatzzahlen
Was erkennen und was tun?
- In Verbindung setzen mit den Schriftstücken Nr. 1b und 8
- Gespräch mit Herrn Groß zum Ist-Stand führen, Ernst der Situation verdeutlichen, Ziele und Strategien vereinbaren
- Stärkere Kontrolle durch Niederlassungsleiter (z.B. kürzere Rückspracheintervalle setzen)
- Geschäftsführung in München vor dem Treffen am 24.10. bereits über Vereinbarungen informieren
- Am 23.10. zweites Gespräch mit Herrn Groß führen

Schriftstück Nr. 3
Anlass: Interviewanfrage
Was erkennen und was tun?
- Über Frau Klein: bedanken für Interesse, Termin ab dem 28.10. vorschlagen

Schriftstück Nr. 4
Anlass: K&K potenzieller Neukunde
Was erkennen und was tun?
- In Verbindung setzen mit Schriftstück Nr. 9
- Am Nachmittag anrufen und Terminvorschlag für den 25.10. machen, da Herr Roll dann vor Ort in Stuttgart ist; falls zu diesem Datum kein Treffen möglich ist, könnte es ggf. an Herrn Fröse delegiert werden; oder Treffen am 24.10. vor Abreise nach München

Schriftstück Nr. 5
Anlass: Messe in Stuttgart
Was erkennen und was tun?
- Über Frau Klein: E-Mail nach München weiterleiten und um Unterstützung bitten

- Rücklauf absichern
- Am 24.10. in München nach Stand erkundigen

Schriftstück Nr. 6
Anlass: Abgabe des Zwischenberichtes verschieben
Was erkennen und was tun?

- Über Frau Klein: Termin am 15.10. muss gehalten werden; Verschiebung nicht möglich, da Herr Roll am 15.10. nachmittags den Endbericht für die Geschäftsführung in München schreiben muss
- Alternativ wäre eine Verschiebung der Teamsitzung am 18.10. denkbar, sodass Herr Roll bis 10:00 Uhr den Endbericht anfertigt und abschickt

Schriftstück Nr. 7
Anlass: Geburtstagsparty
Was erkennen und was tun?

- Zur Kenntnis nehmen

Schriftstück Nr. 8
Anlass: Keine Vertragsverlängerung
Was erkennen und was tun?

- In Verbindung setzen mit Schriftstücken Nr. 1b, 2 und 4
- Heute Nachmittag Telefonat mit Herrn Groß, um Hintergrundinformationen einzuholen
- Geschäftsführerin Frau Binger anrufen, sich ggf. entschuldigen und ins Gespräch kommen
- Minimalziel: Imageschaden für die „Reifen Sommer AG“ abwenden

Schriftstück Nr. 9
Anlass: Reifenwerk abgebrannt
Was erkennen und was tun?

- Verbindung zum Gespräch heute bei „Die Profi GmbH“
- Gleich Herrn Fröse anrufen und Gesprächsstrategie im Vorfeld abklären
- Über Frau Klein E-Mail der Geschäftsführung an alle drei Bezirke weiterleiten mit Bitte um Kenntnisnahme und Information der Vertriebsmitarbeiter

Schriftstück Nr. 10
Anlass: Praktikumsbewerbung

Was erkennen und was tun?
- Über Frau Klein: Dank und ggf. Gespräch ab dem 28.10. vorschlagen

Schriftstück Nr. 11
Anlass: Unternehmenspräsentation Autoverbund Transport Nord e.V.
Was erkennen und was tun?
- Termin wahrnehmen
- Gespräch mit Herrn Fröse z.B. auf den 15.10. verschieben und ihm anschließend persönlich mitteilen
- Über Frau Klein den geschäftsführenden Vorstand informieren, dass er um 11:00 Uhr erscheinen wird und die Einladung zur Dampferfahrt gern annimmt
- Frau Klein bitten, entsprechende Präsentationsunterlagen für die Teilnehmenden zusammenzustellen

Schriftstück Nr. 12
Anlass: Der neue Niederlassungsleiter, Herr Möbius, zur Einarbeitung
Was erkennen und was tun?
- Terminverschiebung eintragen
- Über Frau Klein Bestätigung nach München schicken
- Frau Klein soll Frau Bär und Herrn Groß über die Terminänderung informieren und Tischbestellung im Hotel Adler und Abendessen in Rostock umbuchen
- Neuen Termin für die beiden Personalgespräche vereinbaren, z.B. für den 15.10.

Außerdem ...
... müssen die Bewerber bei der Lösung der Postkorb-Übung Bearbeitungszeiten für folgende Aufgaben berücksichtigen:
- Personalbeurteilungsgespräche vorbereiten
- Termin für das Personalgespräch mit Frau Klein finden, da das noch nicht im Kalender eingetragen ist
- Endbericht für die Geschäftsführung zu den Ergebnissen der Personalbeurteilungsgespräche schreiben (Abgabe 18.10.)
- Vortrag zum Thema „Neukundengewinnung“ am 24.10. vorbereiten
- Vortrag/Unternehmenspräsentation für Autoverbund Transport Nord e.V. am 17.10. vorbereiten

Neuer Terminkalender Herr Roll (Außentermine grau unterlegt)

	Mo. 14.10.	Di. 15.10.	Mi. 16.10.	Do. 17.10.	Fr. 18.10.	Sa. 19.10.
8:00				Unternehmenspräsentation nochmals durchgehen		
9:00	9:30–12:30 „Die Profi GmbH“ Dr. Mayer, geschäftsführender Gesellschafter, zusammen mit Herrn Fröse	9:00–10:00 Personalgespräch Frau Bär	Flughafen Herr Möbius		Teamsitzung mit den Bezirksleitungen	
10:00			Besuch Bezirk Berlin bei Frau Bär			
11:00		11:00–12:00 Personalgespräch Herr Fröse		Autoverbund Transport Nord e.V. Unternehmenspräsentation		
12:00			Mittagessen mit Herrn Möbius und Herrn Fröse, Hotel Adler			
13:00	Gesprächsnachbereitung mit Herrn Fröse	13:00–14:00 Personalgespräch Frau Klein				
14:00						
15:00	Groß anrufen wg. „Binger & Kuhn“, dann Telefonat mit Frau Binger und Anruf Herr Kapersdorf	15:00–17:00 Personalgespräch Herr Groß, Umsatzzahlen klären!!!				
16:00					Steuerbüro wg. Einkommenssteuer	
17:00	Personalgespräche vorbereiten	Endbericht zu den Ergebnissen der Personalbeurteilungsgespräche für Niederlassung Nordost schreiben				
18:00						
19:00			Abendessen mit Herrn Möbius u. Herrn Groß in Rostock		Blumen abholen	
20:00			21:30 Rückflug Herr Möbius		Geburtstag von Ela	

	Mo. 21.10.	Di. 22.10.	Mi. 23.10.	Do. 24.10.	Fr. 25.10.	Sa. 26.10.
8:00					Stuttgart Messe Reifenhersteller	
9:00	Info wg. Messe aus München	Hotel „Zum Seeblick“ Seminar „Schwierige Kundengespräche führen“ mit allen Mitarbeitern der „Reifen Sommer AG“	Vortrag in Endform bringen	München: Sitzung mit Geschäftsführung der „Reifen Sommer AG“ und den anderen Niederlassungsleitungen	ggf. zwischendurch Termin mit Herrn Kapersdorf	
10:00						
11:00	Gespräch mit Herrn Fröse in Vorbereitung des Vortrags über Neukundengewinnung		2. Gespräch mit Herrn Groß wg. Umsatzentwick-lung	TOPs: - Werksbrand in Frankreich - Vortrag „Kunden gewinnen und pflegen, einheitliche Prozesse entwickeln“		
12:00						
13:00						
14:00						
15:00					Termin mit Frau Geppert am Messestand von MacGum	
16:00						
17:00						
18:00						
19:00						
20:00						

Alternative Verfahrensabläufe und AC-Übungen

Die in den Kapiteln 3 bis 7 vorgestellten Übungen und die praktischen Beispiele sind die so genannten „Klassiker“ in AC-Verfahren.
Die hier gewählten Beispielübungen orientieren sich allesamt stringent an der fiktiven Stellenausschreibung der „Reifen Sommer AG“:

- Als Bewerber sind Sie bei den hier vorgestellten Beispielübungen immer in der gleichen Position,
- Sie haben immer die gleichen Mitarbeiter um sich,
- Sie sind mit den gleichen Problemfällen (z.B. Umsatzschwierigkeiten in Mecklenburg-Vorpommern) konfrontiert und
- auch die unternehmerischen Herausforderungen (z.B. angestrebte Qualitätszertifizierung des Unternehmens) wiederholen sich.

In der Praxis trifft man diese Variante der inhaltlichen Verknüpfung aller Übungen regelmäßig an. Es ist aber auch möglich, dass Sie in einem AC-Verfahren Übungen bearbeiten, die inhaltlich nicht miteinander verknüpft sind.

Es besteht außerdem die Möglichkeit, dass verschiedene AC-Übungen miteinander kombiniert werden.

- Alle Bewerber sitzen bereits zu Beginn der Präsentationsaufgabe an einem Tisch und stellen sich ihre erarbeiteten Ergebnisse nacheinander vor. Dann schließt sich die Expertensitzung mit dem Ziel an, eine gemeinsame Lösung zu entwickeln.

- Nach einer gemeinsamen Besprechung können Sie aufgefordert werden, die Ergebnisse der Sitzung schriftlich für die Geschäftsführung zusammenzufassen, ein Gesprächsprotokoll anzufertigen.

- Statt einer klassischen Präsentationsaufgabe wird ein TV- oder Radiointerview simuliert und Sie müssen sich zu aktuellen Fragen positionieren und das Unternehmen nach außen vertreten.

- Sie erhalten bereits mit der Einladung zum AC-Verfahren die Fragen für Ihre Selbstpräsentation und werden aufgefordert, diese zu Hause vorzubereiten.

7.4 Welche Kompetenzen beobachten und bewerten die Assessoren?

Beobachtungsbogen – Postkorb-Übung	Beurteilung					
	1	2	3	4	5	6
Organisationsfähigkeit						
◆ Erkennt und setzt die richtigen Prioritäten						
◆ Delegiert an kompetente Mitarbeiter						
◆ Setzt Wiedervorlage, sichert Rückkopplung						
◆ Plant vorausschauend						
Unternehmerisches Denken und Handeln						
◆ Analysiert Ausgangssituation, verschafft sich Überblick						
◆ Erkennt Gemeinsamkeiten zwischen den Sachverhalten, stellt Verknüpfungen her						
◆ Bezieht relevante unternehmensbezogene Daten ein						
◆ Entwickelt Lösungen und Alternativen						
◆ Wird aktiv und übernimmt Verantwortung						
◆ Leitet aus Informationen Arbeitsaufgaben für sich und seine Mitarbeiter ab						
Gesamteindruck						
Stärken: ____________________						
Schwächen: ____________________						

7.5 Tipps zur Bearbeitung und Präsentation

Die Bearbeitung eines Postkorbs verlangt von Ihnen die Fähigkeit, sich in kurzer Zeit einen Überblick zu verschaffen und dabei wichtige und/oder dringliche Aufgaben zu erkennen. Es gibt verschiedene Möglichkeiten, wie Sie den Postkorb für sich strukturieren können. Lesen Sie auch die Tipps zur Bearbeitung einer Fallstudie, hier gibt es einige Parallelen für Ihre Vorbereitung.

Checkliste: Bereiten Sie sich mit folgenden Fragen auf einen Postkorb im Rahmen eines AC-Verfahrens vor.

- Welches Rollenverhalten wird in der von mir angestrebten Position erwartet?

  ____

  ____

- Wer sind meine Kollegen, Mitarbeiter, Vorgesetzte?

  ____

  ____

- Welche Arbeitsaufgaben, Probleme etc. werde ich selbst lösen, welche delegieren?

  ____

  ____

- Welche Schnittstellen gibt es in der Position?

  ____

  ____

- Wer sollte welche Informationen von mir erhalten? Von wem benötige ich Informationen?

  ____

  ____

- Wie kontrolliere ich delegierte Aufgaben? Wann mache ich Wiedervorlagen?

  ____

  ____

Tipp 1: Einen Überblick gewinnen

Lesen Sie die Rahmenhandlung in Ruhe durch. Hier können schon erste wichtige Informationen „versteckt" sein, die die Weiterbearbeitung der anderen Schriftstücke beeinflussen. Nehmen Sie Absender und Inhalt der einzelnen Schriftstücke zur Kenntnis.

Tipp 2: Wichtige Aufgaben und Ziele erkennen

Wichtige Aufgaben und Ziele leiten sich aus der zukünftigen Position ab. Versetzen Sie sich in diese Position und in das Rollenverhalten, das man von Ihnen in dieser Position erwartet.

Tipp 3: ABC-P-Analyse

Analysieren Sie die Informationen, die Sie der Rahmenhandlung und den Schriftstücken entnehmen, nach der ABC-P-Analyse:

- A-Aufgaben sind dringlich und wichtig (d.h., sofort erledigen!).
- B-Aufgaben sind wichtig, jedoch weniger dringlich (d.h., selbst planen oder delegieren!).
- C-Aufgaben sind weder dringlich noch wichtig (d.h., Routine, Administration – liegen lassen, später bearbeiten!).
- P-Aufgaben gehören in den Papierkorb.

Tipp 4: Alpen-Methode

Da die Zeit knapp kalkuliert ist, sollten Sie zuerst die A- und B-Aufgaben bearbeiten. Wenn am Ende noch Zeit übrig ist, kümmern Sie sich um die C-Vorgänge.
Nutzen Sie für die Bearbeitung der A- und B-Vorgänge die Alpen-Methode:

- Aufgaben zusammenstellen
- Länge der auszuführenden Tätigkeiten schätzen

- Pufferzeiten für Unvorhergesehenes reservieren
- Entscheidung über Prioritäten treffen (ggf. delegieren)
- Nachkontrolle festlegen, Unerledigtes übertragen

Tipp 5: Vernetzungen erkennen

Prüfen Sie die Schriftstücke auf inhaltliche, terminliche Vernetzungen. Wenn zu einem Zeitpunkt zwei A-Aufgaben zu bearbeiten sind, müssen Sie sich für eine entscheiden und überlegen, was Sie mit der anderen A-Anforderung machen (z.B. komplett oder teilweise delegieren).

Tipp 6: Stellen Sie sich diese Fragen

Sie können sich bei der Bearbeitung des Postkorbs folgende Fragen stellen:

- Um welche der Aufgaben muss ich mich (sofort) kümmern?
- Wer ist außer mir davon betroffen? Wen muss bzw. sollte ich einbeziehen, wen informieren?
- Welche Arbeitsaufgaben oder Maßnahmen leiten sich aus den Sachverhalten ab?
- An wen kann oder muss ich Aufgaben delegieren? Was muss ich bzw. müssen andere planen?
- Wann setze ich Wiedervorlagen, wann lasse ich mich informieren?
- Was würde passieren, wenn ich (vorerst) nichts unternähme?

Tipp 7: Hinweis speziell für Führungskräfte

Mit der Art, wie Sie den Postkorb bearbeiten, zeigen Sie einen Teil Ihres Führungsverhaltens. Planen Sie realistisch. Die Assessoren dürfen nach Ihrer Präsentation weder den Eindruck gewinnen, dass Sie die Mitarbeiter zeitlich und inhaltlich überfordern, noch, dass Sie sich selbst um alle Angelegenheiten kümmern.

Tipp 8: Präsentation der Ergebnisse

Bei der Präsentation Ihrer Einzelergebnisse ist es wichtig, dass Sie gegenüber dem Assessorenteam begründen, wie Sie zu bestimmten Entscheidungen gekommen sind. Wenn es keine Vorgabe gibt, wie Sie Ihren Postkorb präsentieren sollen (z.B. Reihenfolge der Schriftstücke einhalten), dann können Sie zur Strukturierung die ABC-Analyse (vgl. Tipp 3) nutzen oder Ihre Lösung personenbezogen vortragen („Ich selbst mache …, an Mitarbeiter A delegiere ich …").
Übrigens: Das Assessorenteam kennt den Postkorb. Verzichten Sie auf die Erläuterung der Inhalte der einzelnen Schreiben. Das kostet zu viel Zeit! Konzentrieren Sie sich vielmehr auf die Präsentation Ihrer Ergebnisse.

8 Praxistipps für den Auswahltag

8.1 Beispiel eines Zeit- und Ablaufplans

Nehmen wir an, es wurde ein Bewerbungsgespräch durchgeführt und Sie sind zum Assessment-Center-Verfahren der „Reifen Sommer AG“ eingeladen. Die Reihenfolge der Bewerber wird pro Übung ausgelost oder vorher festgelegt. Bei fünf Bewerbern könnten Sie z.B. folgenden anspruchsvollen Ablaufplan erwarten:

Beispiel eines Zeit- und Ablaufplans

8:30–9:00 Uhr	**Gemeinsame Eröffnung** ◆ Begrüßung durch den Moderator ◆ Kurzvorstellung der Bewerber und Assessoren ◆ Formulierung der Erwartungen an den Tag und Klärung wichtiger Fragen ◆ Vorstellung des Ablaufplans
9:00–9:30 Uhr	**Vorbereitung eines Vortrags,** der vor 30 Geschäftsführern gehalten werden soll

Nach der Vorbereitung erhalten Sie die Fallstudie und bereiten diese parallel zum Vortrag vor. Vier Bewerber werden bei der Bearbeitung der Fallstudie unterbrochen.

9:30–10:20 Uhr	**Vortrag halten** (jew. zehn Minuten)
10:40–11:30 Uhr	**Ergebnispräsentation zur Fallstudie** der Niederlassung Nordost (jew. zehn Minuten)

Parallel zur Ergebnispräsentation bereiten Sie die gemeinsame Besprechung der Niederlassungsleitungen (15 Minuten Vorbereitungszeit) und das Gespräch mit Herrn Fröse (20 Minuten Vorbereitungszeit) vor.

11:40–12:25 Uhr	**Durchführung der Besprechung** mit den anderen Bewerbern zum Thema „Einheitliche Prozesse in der Kundenbindung und Kundenpflege entwickeln“ (45 Minuten)
12:25–13:15 Uhr	Mittagspause
13:15–14:30 Uhr	**Durchführung des Mitarbeitergesprächs** mit Herrn Fröse (jew. 15 Minuten)
Parallel bereiten Sie die Bearbeitung des Postkorbs vor (60 Minuten).	
14:30–15:00 Uhr	Kleine Pause
15:00–15:50 Uhr	**Präsentation der Ergebnisse des Postkorbs** (jew. zehn Minuten)
16:00–16:30 Uhr	**Gemeinsame Abschlussrunde mit allen Beteiligten** ◆ Wie wurde der Tag erlebt? ◆ Was passiert jetzt? (Hinweis auf Assessorenkonferenz) ◆ Verabredung der Feedbackgespräche? ◆ Wie geht es weiter? (Auswahlentscheidung und Zeitpunkt der Information darüber)
16:30 Uhr	Ende der Veranstaltung für die Bewerber
16:30–18:30 Uhr	Assessorenkonferenz

Der hier entwickelte Zeitplan ist knapp kalkuliert. In der Praxis müssen z.B. Wegezeiten zwischen Vorbereitungs- und Präsentationsraum berücksichtigt werden. Das Assessorenteam benötigt ggf. zwischendurch eine Pause, um sich auf die nachfolgenden Präsentationen konzentrieren zu können. Unter Berücksichtigung dieser beiden Faktoren kann sich der hier dargestellte Ablaufplan um bis zu 60 Minuten nach hinten verschieben.

Ein alternativer Ablaufplan könnte etwa so aussehen:
Sie erhalten um 9.00 Uhr das Gesamtpaket der hier dargestellten fünf Übungen und wissen, zu welchen Zeitpunkten am Tag Sie welche AC-Übung durchführen und Ergebnisse präsentieren müssen. Die Reihenfolge der Bewerber in den einzelnen Übungen wurde vorher festgelegt. In den Aufgabenbeschreibungen finden Sie jedoch keine konkreten Hinweise zur Vorbereitungszeit. Sie erfahren nur die Präsentations- bzw. Durchführungszeiten.

Ihre Aufgabe ist es dann, sich den Tag selbst zu organisieren.

Ein so gewählter Ablaufplan simuliert den zusätzlichen Charakter eines Postkorbs. Ihre Organisationsfähigkeit wird an dem Auswahltag so gleich zweifach erfasst. Zusätzlich können die Assessoren prüfen, wie es um Ihre Belastbarkeit steht.

8.2 Was Sie am Auswahltag beachten sollten

Im Laufe eines Auswahltages sind Situationen denkbar, auf die Sie sich innerlich einstellen können. Welche das sind und welche positive Absicht sich dahinter verbirgt, erfahren Sie im Folgenden.

☞ **Übrigens ...:** Das Assessorenteam wird sich, während Sie Ihre Ergebnisse präsentieren, viele Notizen machen. Nicht immer wird dadurch der Blickkontakt zu Ihnen aufrechtgehalten. Viele Bewerber verunsichert das. Es ist aber ein Zeichen für ein gut ausgebildetes Beobachtergremium.
Stellen Sie sich vor, keiner der Anwesenden würde mitschreiben: Auf welcher Datenbasis sollte die Assessorenkonferenz dann stattfinden? Wie sollten sich die Assessoren die Vielzahl der wahrgenommenen Informationen in den AC-Übungen zu allen Bewerbern merken?

Das gemeinsame Mittagessen mit den Unternehmensvertretern

Grundsätzlich trägt es zu einer entspannten Atmosphäre bei, wenn die Vertreter des Unternehmens mit den Bewerbern gemeinsam zu Mittag essen. Beide Seiten lernen sich außerhalb des Verfahrens näher kennen. Sie können einiges mehr zum Unternehmen oder auch zur Person der Assessoren erfahren und Gespräche führen, die einfach über das Geschehen im Auswahlverfahren hinausgehen.

> Es gibt aber auch Assessment-Center-Verfahren, in denen Ihr Verhalten während der Pausenzeiten und beim gemeinsamen Mittagessen in die Gesamtbewertung Ihrer Leistung einfließt.

Welches Gericht und Getränk wählen Sie? Wie kommunizieren Sie mit Ihrem Tischnachbarn? Kennen Sie die Regeln guten Benehmens und halten Sie sich daran?
Es gibt sicherlich Positionen in einem Unternehmen und Berufsbilder, in denen das Mittagessen mit einem Kunden oder Verhandlungspartner eine normale Anforderung und damit Arbeitsaufgabe darstellt. Beachten Sie dabei:

- Verzichten Sie grundsätzlich auf die Bestellung alkoholischer Getränke, selbst wenn ein Vertreter des Assessorenteams Alkohol zu sich nimmt!
- Falls der Moderator es nicht selbst erwähnt, fragen Sie in der Eröffnungsrunde nach, ob die Pausen beobachtungsfrei sind. Wichtig ist, dass Sie sich auf die kommende Situation mental einstellen können.

Verkürzte Vorbereitungszeiten

Stellen Sie sich vor, Sie haben noch 20 Minuten Zeit, um Ihren Postkorb zu bearbeiten. Plötzlich betritt der Moderator den Raum, bricht Ihre Vorbereitung ab und bittet Sie, Ihre bis zu diesem Zeitpunkt erarbeiteten Ergebnisse vorzustellen.
Was wird hier geprüft?

Das Assessorenteam erfährt, ob Sie die Zeit genutzt haben, um die wesentlichen, wichtigen und dringlichen Vorgänge zu bearbeiten (ABC-Analyse).

Zum Teil spiegelt das Unterbrechen Ihrer Arbeitsvorbereitung einen Teil der Unternehmenswirklichkeit wider.
Sie kennen das sicherlich: Gerade sind Sie dabei, eine wichtige Aufgabe zu bearbeiten, sind hoch konzentriert – plötzlich klingelt das Telefon und Sie müssen sofort einen Kundentermin wahrnehmen oder Ihr Vorgesetzter beraumt eine unplanmäßige Sitzung an, die mehrere Stunden dauert …

Verkürzte Präsentationszeiten

Stellen Sie sich vor, Sie haben für die Präsentation Ihrer Postkorb-Ergebnisse noch fünf Minuten Zeit. Unvermittelt wird Ihre Präsentation abgebrochen …
Das kann mehrere Gründe haben:

- Vielleicht haben Sie genau das vorgestellt, was den Assessoren wichtig war, und damit die Aufgabe gelöst.
- Vielleicht gibt es ein Zeitproblem am Auswahltag und man hat für alle Bewerber die Präsentationszeit verkürzt – was man Ihnen allerdings mitteilen sollte.
- Oder es wird getestet, wie Sie reagieren.

Was auch immer der Grund ist: Lassen Sie es mit sich geschehen, aber fragen Sie nach, aus welchen Gründen die Zeit gekürzt wird. Denkbar ist, dass Sie den Wunsch formulieren, die zur Verfügung gestellte Zeit nutzen zu können. Ganz gleich, was Sie tun: Wenn Sie die Absicht oder Erwartungshaltung der Assessoren nicht kennen, kann Ihr Verhalten immer falsch oder richtig sein.

☞ **Übrigens …:** Wenn Sie die Vorbereitungs- und Präsentationszeit überschreiten, muss der Moderator abbrechen. Sie dürfen nicht mehr Chancen erhalten als Ihre Mitkandidaten. Das gehört zur Fairness des Verfahrens!

Beachten Sie hierzu die Tipps zur Fallstudie (Kap. 6) und zum Postkorb (Kap. 7). Es besteht außerdem die Möglichkeit, dass Sie den Moderator zu Beginn des Auswahltages fragen, ob die im Zeitplan genannten Vorbereitungs- und Durchführungszeiten eingehalten werden.

Vorbereitete Unterlagen dürfen nicht benutzt werden

Stellen Sie sich vor, Sie haben Ihren Vortrag ausgearbeitet. Da erfahren Sie, dass Sie Ihre schriftlichen Unterlagen für die anschließende fünfminütige Präsentation nicht benutzen dürfen …

Mit dieser Variante möchte das Unternehmen vermutlich Ihre Konzentrations- und Merkfähigkeit, Ihr Ausdrucksvermögen ohne Sprechzettel und Ihre Belastbarkeit prüfen.

Fragen Sie den Moderator zu Beginn des Auswahltages, ob Sie in jeder Präsentationssituation die erarbeiteten Unterlagen nutzen dürfen. So können Sie sich mental auf die Anforderungen des Tages einstimmen.

Was tun, wenn …

… der „rote Faden“ reißt

- Wiederholen Sie den zuletzt geäußerten Satz nochmals.
- Machen Sie eine Pause und trinken Sie bewusst einen Schluck Wasser.
- Bewegen Sie sich und lösen Sie so die innere Blockade oder das unangenehme Gefühl – z.B. indem Sie sich anders hinsetzen, die Position im Raum wechseln oder auf das Skript schauen.
- Sprechen Sie darüber und sagen Sie, dass Sie den „roten Faden“ verloren haben (die Assessoren haben das wahrscheinlich gleichfalls wahrgenommen). Das zeigt, dass Sie mit solchen Situationen souverän umgehen können.

… ich aufgeregt bin

Ein gewisses Maß an Aufregung gehört zu einem solchen Auswahlverfahren dazu und ist durchaus gesund, zumal wenn Sie an der ausgeschriebenen Position wirklich interessiert sind.

Experten sprechen vom so genannten mittleren Erregungsniveau. Das versetzt Sie in die Lage, konzentriert Anforderungen zu bewältigen. Im Normalfall reduziert sich die Aufregung (erhöhte Pulsfrequenz, feuchte Hände, Gesichtsröte, Flecken im Gesicht, zitternde Stimme …) nach der ersten Präsentation.

Mit Ihrer Aufregung können Sie wie folgt umgehen:

- Sprechen Sie in der Eröffnungsrunde Ihre Aufregung an. Das macht Sie „menschlich" und meist lässt die Anspannung danach automatisch nach.
- Konzentrieren Sie sich in der Vorbereitung auf die Bearbeitung der AC-Übungen und beschäftigen Sie sich weniger mit Ihrem Körpergefühl.
- Sie können durch kleine mentale Trainingseinheiten bereits zu Hause mit Ihrer Aufregung „arbeiten". Stellen Sie sich bildlich vor, wie Sie den Präsentationsraum betreten, welche Kleidung Sie tragen, wie Sie sich bewegen, wie Sie den Blickkontakt zu den Assessoren halten … und wie Sie dabei sprechen.
- Trainieren Sie zu Hause Präsentationssituationen und lassen Sie sich ein Feedback geben.

… ich die Aufgabenstellung nicht verstehe

Die Entwickler von Assessment-Center-Verfahren sind keine perfekten Menschen. Ihnen können beim Design von AC-Übungen Fehler unterlaufen sein.

Wenn Sie eine Aufgabenstellung nicht verstehen, stellen Sie dem Moderator Ihre Fragen. Lassen Sie sich die Aufgabe konkret erklären. Fragen Sie so lange, bis Sie verstanden haben, was von Ihnen erwartet wird. Nur so können Sie Ihre Vorbereitungszeit kompetent nutzen und sind orientiert.

Feedback und Nachbereitung

Im Feedback, das in der Regel als Vier-Augen-Gespräch geführt wird, erhalten Sie eine konkrete Verhaltensrückmeldung. Sie erfahren, welche Stärken, Potenziale und Defizite bei Ihnen in Bezug zu den Anforderungen der vakanten Position aus der Sicht des Assessorenteams wahrgenommen wurden. Hören Sie aufmerksam zu und fragen Sie nach, wenn Sie etwas nicht verstanden haben oder sich Ihr Gesprächspartner nicht eindeutig genug äußert.

> Notieren Sie sich im oder nach dem Gespräch die Rückmeldungen und vergleichen Sie diese später mit Ihrer Selbsteinschätzung.

Wo entdecken Sie Übereinstimmungen, wo Abweichungen? Analysieren Sie die Gründe der Abweichungen. Möglicherweise können Ihnen vertraute Personen dabei helfen.
Zudem sollten Sie sich mit folgenden Fragen intensiver beschäftigen:

- Was fiel mir leicht, was ist mir gut gelungen?
- Wo hatte ich Schwierigkeiten? Woran lag das?
- Was werde ich beim nächsten Mal anders machen?
- Wie kann ich das bereits heute trainieren und lernen?

Schlusswort

Grenzen des AC-Verfahrens

Bei einem professionell konzipierten Assessment-Center, das bei der Verfahrensentwicklung Qualitätsstandards berücksichtigt, können eine Vielzahl von außerfachlichen Kompetenzen mithilfe simulierter Situationen überprüft werden.
Durch die Bearbeitung komplexer zukünftiger Arbeitsanforderungen der zu besetzenden Position wird die Einschätzung berufsbezogener Kompetenzen möglich. Ein umfangreiches Gesamtbild zu jedem Bewerber kann erstellt werden.
Die strukturierte Vorgehensweise hilft, die Bewerber untereinander in Bezug auf das Anforderungsprofil zu vergleichen und eine Prognose über zukünftiges berufsbezogenes Verhalten zu stellen. Die Gefahr von Fehlbesetzungen wird erheblich reduziert.

Man sollte sich aber auch der Grenzen dieses Auswahlverfahrens bewusst sein, denn es liefert eine sehr gute, jedoch keine zu hundert Prozent gesicherte Entscheidungsbasis für die Beantwortung der Frage, welcher Bewerber am besten geeignet ist. Schließlich lassen sich nicht alle unternehmerischen Anforderungen eindeutig genug simulieren und nicht alle Arbeitsbedingungen können hundertprozentig abgebildet werden.
Auch einige außerfachliche Anforderungen sind in einem Assessment-Center-Verfahren nicht oder nur unzureichend überprüfbar. Dazu gehört z.B. die Antwort auf die Frage, wie kontinuierlich und ausdauernd der zukünftige Stelleninhaber die gezeigten Fähigkeiten im unternehmerischen Alltag einsetzen wird.
Loyales Verhalten ist gleichermaßen nur bedingt einschätzbar. Ob der Bewerber sich in das bestehende Team und in die Unternehmensstruktur (Hierarchie) integriert, hängt schließlich nicht nur von seinem Willen und seiner Fähig-

keit, mit günstigen oder ungünstigen äußeren Umständen umzugehen, ab.
Ebenso wie beim Bewerbungsgespräch beeinflussen auch im Assessment-Center die Tagesform und das emotionale Befinden der Bewerber die Ergebnisse in den einzelnen Übungen. Davon kann sich letztlich kein Bewerbungsverfahren freisprechen – ob die Unternehmen nun AC-Verfahren einsetzen, Bewerbungsgespräche und (teil-)strukturierte Interviews führen oder andere Testverfahren nutzen, um zu einer qualifizierten Auswahlentscheidung zu kommen.

Literaturverzeichnis

Beitz, Holger / Loch, Andrea: Assessment Center. Erfolgstipps und Übungen für Bewerber. 3. Auflage. München 2004.

Boettger, Anja: Assessment Center. Ein Arbeitshandbuch. Renningen 2004.

Hell, Silke: Assessment Center. Souverän agieren – gekonnt überzeugen. München 2006.

Jeserich, Wolfgang: Mitarbeiter auswählen und fördern: Assessment-Center-Verfahren. 6. Auflage. München 1991.

Kleinmann, Martin: Assessment–Center. Praxis der Personalpsychologie, Band 3. Göttingen 2003.

Püttjer, Christian / Schnierda, Uwe: Assessment–Center. Bewerbung compact. Frankfurt am Main 2005.

Sarges, Werner: Management-Diagnostik. Göttingen 1990.

Schuler, Heinz / Stehle, Willi: Assessment Center als Methode der Personalentwicklung. 2. Auflage. Stuttgart 1992.

Sünderhauf, Katrin (Hrsg.): Assessment Center. Von der Auftragsklärung bis zur Qualitätssicherung. Ein Handbuch von Praktikern für Praktiker. Lengerich 2005.

Weiler, Peter: Trainingsbuch Einstellungstest und Assessment-Center. Praktische Übungen für alle Testformen. München 2003.

Die Autorin

Doreen Hartung, Dipl.-Psychologin, arbeitet als stellvertretende Geschäftsführerin und Qualitätsmanagementbeauftragte bei kontinuum, Gesellschaft für Organisationsentwicklung und Personalberatung e.V. in Berlin. Seit 1991 ist sie als Personalberaterin, Trainerin und Coach tätig. Sie hat bisher über 350 unternehmens- und stellenspezifische Personalauswahlverfahren und Potenzialanalysen für den Fach- und Führungsnachwuchs konzipiert und moderierend begleitet.

Stichwortverzeichnis